高职英语教学理论及实践应用研究

孙晓茜◎著

吉林出版集团股份有限公司
全国百佳图书出版单位

图书在版编目（CIP）数据

高职英语教学理论及实践应用研究/孙晓茜著. --长春：吉林出版集团股份有限公司, 2021.12 (2023.1 重印)
ISBN 978-7-5731-1049-7

Ⅰ.①高… Ⅱ.①孙… Ⅲ.①英语－教学研究－高等职业教育 Ⅳ.①H319.3

中国版本图书馆CIP数据核字（2021）第274690号

GAOZHI YINGYU JIAOXUE LILUN JI SHIJIAN YINGYONG YANJIU
高职英语教学理论及实践应用研究

著　　者	孙晓茜
责任编辑	杨亚仙
装帧设计	万典文化

出　　版	吉林出版集团股份有限公司
发　　行	吉林出版集团社科图书有限公司
地　　址	吉林省长春市南关区福祉大路5788号　邮编：130118
印　　刷	唐山富达印务有限公司
电　　话	0431－81629711（总编办）
抖音号	吉林出版集团社科图书有限公司 37009026326

开　　本	787 mm×1092 mm　1/16
印　　张	9.25
字　　数	210 千字
版　　次	2021年12月第1版
印　　次	2023年1月第2次印刷

书　　号	ISBN 978-7-5731-1049-7
定　　价	48.00 元

如有印装质量问题，请与市场营销中心联系调换。0431-81629729

前言

近年来，我国社会、经济高速发展，高等职业教育的发展备受关注，我国政府提出要从国家现代化建设的大局出发，从国家现代化建设的全局和战略的高度，从贯彻落实科学发展观和构建和谐社会的高度，深刻认识加强职业教育的重要性和紧迫性。

高等职业教育作为高等教育的一个类型，主要培养生产、建设、管理、服务等第一线需要的高等技术应用型人才。这就要求高等课程体系的建立要以市场需求为导向，以能力应用为主旨，在分析岗位能力要求的基础上，准确合理地定位教学培养目标。目前，各高职院校在专业培养目标上已逐步形成特色，其专业课程的设置与安排逐步趋于规范化，但高职院校的英语教学要达到什么水平、课程怎么安排、如何为专业技能人才培养服务，尤其是如何确定英语教学培养目标是当前高职院校英语教师普遍关注的问题。而在教学过程中，有的院校还是照搬大学专科甚至本科的计划，或沿用中专教学计划和目标，缺乏系统性、科学性和针对性，与高职人才培养目标存在差距。

英语教育必须借助现代教育理论的正确指导，在实践经验的基础上进行方法论探究，从而建立科学的理论体系，找到行之有效的教学方法。近年来，我国外语教育教学研究呈现新的发展趋势，对专业建设、课程设置、教学改革和现代化教学手段的研究日益凸显，"以学习者为中心"的教学模式研究越来越受到重视，研究重点由语言知识的习得转向如何将语言知识转化为语言能力。另一方面，教师专业发展研究也取得了长足的发展。作为占据高等教育领域"半壁江山"的高等职业教育，近年来逐渐受到社会各界的密切关注。高职英语教育教学的新特点要求我们不断研究和探索，以适应高职教育蓬勃发展的新形势。

目 录

第一章　高职英语教学概论 …………………………………………………… 1
- 第一节　高职英语教学的理论基础 …………………………………………… 1
- 第二节　高职英语教学的构成因素 …………………………………………… 9
- 第三节　高职英语教学开展的原则 …………………………………………… 15

第二章　高职英语学习理论 …………………………………………………… 21
- 第一节　"学习金字塔"理论 ………………………………………………… 21
- 第二节　以人为本理念 ………………………………………………………… 23
- 第三节　克拉申的输入假设与斯温纳的输出假设 …………………………… 25
- 第四节　错误分析及中介语 …………………………………………………… 28
- 第五节　第二语言学习模式 …………………………………………………… 29

第三章　高职英语教学的基本理论及方法 …………………………………… 33
- 第一节　高职英语教学的基本理论 …………………………………………… 33
- 第二节　高职英语教学的教学方法 …………………………………………… 40

第四章　高职英语教学模式 …………………………………………………… 52
- 第一节　探究式教学模式 ……………………………………………………… 52
- 第二节　多元智能教学模式 …………………………………………………… 57
- 第三节　参与式教学模式 ……………………………………………………… 61
- 第四节　内容型教学模式 ……………………………………………………… 66

第五章　高职英语网络化教学 ………………………………………………… 71
- 第一节　现代教育技术与学科课程的整合 …………………………………… 71
- 第二节　高职英语网络化学习的理论基础与实验研究 ……………………… 75

第三节　基于网络资源的英语学习模式实验 ……………………………… 79
　　第四节　基于网络平台的"工学结合"项目化教学 ……………………… 81
　　第五节　公共基础课信息化教学及效果评价 ……………………………… 85
　　第六节　基于教学资源库的主题实践活动与评价 ………………………… 88

第六章　高职学生英语学习阻碍机制与策略"协同"分析 ……………… 92
　　第一节　高职学生英语学习阻碍机制 ……………………………………… 92
　　第二节　高职学生英语学习阻碍机制策略"协同"分析 ………………… 101

第七章　高职英语教学与职业能力培养 …………………………………… 118
　　第一节　高职英语教学与职业能力培养的内在联系 …………………… 118
　　第二节　职业能力培养教育在高职英语教学中的应用研究 …………… 128

参考文献 …………………………………………………………………………… 141

第一章 高职英语教学概论

第一节 高职英语教学的理论基础

一、语言学理论

（一）语言功能理论

具体来说，语言功能可以分为以下三种：

1. 微观功能

微观功能是儿童在学习母语的初级阶段出现的，它包括以下七种功能：

（1）个人功能

个人功能指儿童可以运用语言来表达自己的感情、身份或观点。

例如：I like the toy car.

（2）规章功能

规章功能指儿童可以通过语言来控制他人的行为。

例如：Finish the task as I have told you.

（3）想象功能

想象功能指儿童可以运用语言来创造一个幻想的环境或世界。例如：suppose I am the king and you are the queen…

（4）启发功能

启发功能指儿童可以通过语言来认识和探索周围的世界，学习和发现问题。例如：Tell me why…

（5）工具功能

工具功能指儿童可以通过语言来获取物，满足其对物质的需求。

例如：I want…

（6）相互关系功能

相互关系功能指儿童可以通过语言与他人进行交往。

例如：Me and you.

（7）信息功能

信息功能指十八个月大的儿童可以通过语言向别人传递信息。信息功能是在儿童成长后期掌握的。

需要指出的是，在儿童语言中，一句话只有一种功能而不会出现多种功能。随着儿童语言逐渐向成人语言靠拢，功能范围逐渐缩减，这些微观功能就让位于宏观功能。

2. 宏观功能

相对于微观功能，宏观功能更为复杂、丰富和抽象。它是儿童由原型语言向成人语言过渡阶段出现的语言功能。宏观功能包括以下两类：

（1）实用功能

实用功能源于儿童早期微观功能中的工具功能、相互关系功能和规章功能。它是儿童做事的工具或手段。

（2）理性功能

理性功能是由儿童早期微观功能中的个人功能、启发功能等演变而来。它是儿童学习知识和观察事物的途径和方法。

宏观功能是儿童语言功能的过渡期，它和微观功能、纯理功能存在功能上的延续性，这反映了人类语言为数不多的几种功能却可被运用于多种社会场合，同时也反映了人类在运用语言的过程中创造语言的必要性。

3. 纯理功能

纯理功能包括以下三种：

（1）人际功能

人际功能是指语言具有表明、建立和维持社会中人的关系的作用。通过此功能，讲话者能通过某一情境来表达自己的推断、态度，并对别人的态度、行为造成影响。

（2）篇章功能

篇章功能是指语言具有创造连贯的话语或文章的功能，这些话语和文章对语境来说是切题和恰当的。语篇是具有功能的语言。

（3）概念功能

概念功能是指人们通过语言将自己的内心世界和现实世界的经历进行表述的功能。语言的概念功能是指人们以概念的形式对其经验加以解码，并对主客观世界发生的人、事、物等因素进行表达和阐述。

几乎每个句子都能体现语言的人际功能、篇章功能和概念功能，且这三种功能经常同时存在。

在如何看待语言本质的问题上，英国当代语言学家韩礼德对语言功能的论述为研究者们提供了一个全新的视角，推进了语言学界对语言的理解。后来的交际法教学流派（又称"功能—意念教学流派"）就是以韩礼德的语言功能理论为基础建立起来的。

（二）言语行为理论

言语行为理论作为语言语用研究中的一个重要理论，最初是由英国哲学家约翰·奥斯汀在20世纪50年代提出的。

之后，美国的哲学语言学家约翰塞尔对言语行为进行了深入的探讨。因此，这里主要介绍二人的观点。

1. 奥斯汀的言语行为理论

奥斯汀将话语分为表述句和施为句两大类别。此外，他还在此基础上提出了言语行为三分说。

(1) 表述句与施为句

表述句是用来描写、报道或陈述某一客观存在的事态或事实的句子。表述句可以验证，并且具有真假值。

例如：Jim is lying in bed.

如果Jim确实在床上躺着，这句话就为真；反之则为假。

施为句是用来创造一个新的事态以改变世界状况的句子。施为句不可以验证，也不具有真假值。

例如：I call the toy horse Spirit.

这个句子既无法验证，也无法判断真假。这个句子的意义在于给玩具马命名，即给客观环境带来了改变。

可见，表述句与施为句的最大区别在于表述句以言指事、以言叙事，而施为句以言行事、以言施事。

(2) 言语行为三分说

奥斯汀发现了表述句与施为句两分法的不足之处并修正了自己的观点，提出了更为成熟的言语行为三分说。他将言语行为分为以下三个层次。

第一，以言指事行为是指移动发音器官，发出话语，并按规则将它们排列成词、句子。它是通常意义上的行为。

第二，以言行事行为是通过说话来实施一种行为或做事。它是表明说话人意图的行为，可将以言行事行为简称为"语力"。奥斯汀将以言行事行为分为评价行为类、施权行为类、承诺行为类、论理行为类、表态行为类五个类别。

第三，以言成事行为就是以言取效行为，它是指说话带来的后果。需要说明的是，以言成事行为或以言取效行为只是用来指一句话导致的结果，不论结果如何都跟说话人的意图无关。

2. 塞尔的言语行为理论

塞尔的主要贡献是改进了奥斯汀对以言行事行为的分类，并提出了间接言语行为理论。

(1) 塞尔对以言行事行为的重新分类

塞尔将以言行事行为分为以下五类：

承诺类。它表示说话人对未来的行为做出不同程度的承诺。此类行为的动词包括threaten、pledge、vow、offer、undertake、guarantee、refuse、promise、commit等。

表达类。它表达说话人的某种心理状态。此类行为的动词包括 congratulate、apologize、deplore、regret、welcome、condole、boast 等。

断言类。它表示说话人对某事做出真假判断或一定程度的表态。此类行为的动词包括 deny、state、assert、affirm、remind、inform、notify、claim 等。

宣告类。它表示说话人所表达的命题内容与客观现实之间的一致。此类行为的动词包括 nominate、name、announce、declare、appoint、bless、christen、resign 等。

指令类。它表示说话人不同程度地指使或命令听话人去做某事。此类行为的动词包括 request、demand、invite、order、urge、advise、propose、suggest 等。

塞尔的重新分类具有很强的科学性，直到今天仍在使用。

（2）间接言语行为理论

所谓间接言语行为，就是通过实施另一行为而间接得以实施的言语行为。例如：Can you pass the bottle for me?

这种言语行为虽然表面上在进行"询问"，但实际上表达的是一种"请求"行为，即"请求"是通过"询问"间接实施的。

塞尔进一步将间接言语行为分为规约性间接言语行为和非规约性间接言语行为两个类别。规约性间接言语行为通常出于对听话人的礼貌，且根据话语的句法形式可立即推断出其语用用意。而非规约性间接言语行为往往比较复杂，需要更多地依靠交际双方共知的语言信息与所处的语境来进行推断。

二、心理学理论

（一）行为主义心理学

行为主义学习理论最初来源于俄国生理学家巴甫洛夫的"条件反射"概念。20 世纪初，美国心理学家华生创立了行为主义学习理论。美国学者斯金纳对华生的行为主义进行了继承和发展。这里主要介绍此二人的观点。

1. 华生经典行为主义理论

华生把有机体应付环境的一切活动称为"行为"，行为的基本成分是反应，反应分为习得的反应和非习得的反应。前者包括我们一切复杂习惯和我们的一切条件反射，后者则指我们在条件反射和习惯方式形成之前的婴儿期所做的一切反应。他将引发有机体反应的外部和内部的变化称为"刺激"，而刺激必然属于物理的或化学的变化。任何复杂的环境变化，最终总是通过物理变化或化学变化转化为刺激作用于人的身上。换句话说，刺激和反应都属于物理变化或化学变化，由此便形成刺激—反应公式，通过刺激可以预测反应，通过反应可以推测刺激。

华生认为，学习就是以一种刺激替代另一种刺激建立条件反射的过程。在他看来，人类出生时只有几个反射和情绪反应，所有其他行为都是通过条件反射建立新的刺激—反应连接而形成的。

华生主张心理学应该摒弃意识、意象等太多主观的东西，只研究所观察到的并能客观地加以测量的刺激和反应,无须理会其中间环节,华生称之为"黑箱作业"。他认为人类的行为都是后天习得的,环境决定了一个人的行为模式,无论是正常的行为还是病态的行为都是经过学习而获得的,也可以通过学习而更改、增加或消除。他认为查明了环境刺激与行为反应之间的规律性关系,就能根据刺激预知反应,或根据反应推断刺激,达到预测并控制动物和人的行为的目的。行为就是有机体用以适应环境刺激的各种躯体反应的组合,有的表现在外表,有的隐藏在内部,在他眼里人和动物没什么差异,都遵循同样的规律。

2. 斯金纳新行为主义理论

斯金纳于1957年发表了《言语行为》一书,从行为主义角度对言语行为系统进行了分析。他认为人们的言语以及言语中的各个部分都是在受到内部或外部的刺激的情况下产生的。具体来说,斯金纳提出了"操作性条件反射"的观点,这一观点强调语言学习的过程是一个不间断的操作过程,即发出动作然后得到一个结果或一个目的,这一动作就被称为"操作"。如果这一动作的结果是满意的,操作者就会重复"操作",这时"操作"便得到"强化",也称为"正向强化"。儿童的语言学习过程正是这样一个不间断的"操作"过程,使语言行为逐步形成。

在某一语言环境中,他人的声音、手势、表情和动作等都可以成为强化的手段。例如,教师可以通过表扬、肯定、满意的表示,使学生的某种言语行为得到强化。只有言语行为不断得到强化,学生才能逐渐养成语言习惯,学会使用与其语言社区相适应的语言形式。如果没有得到强化,语言习惯就不能形成,语言也就不能学习到。在学习时,只有反应"重复"出现,学习才能发生。因此,"重复"在学习中的作用是不容忽视的。

通过上述介绍可以看出,行为主义学习理论的形成主要基于以下六个观点:

第一,语言是一种习惯,是人类所有行为的基本部分,是在外界条件的作用下逐步形成的。

第二,在语言习得和语言学习过程中,外部影响是内在行为变化的主要因素。因此,语言行为和习惯是受外部刺激的影响而发生变化,而不是受内在行为的影响。

第三,儿童习得和学习语言的过程是按照操作制约的过程进行的,即发出动作—获得结果—得到强化。这也是儿童习得语言的最基本的客观规律。

第四,学习是刺激与反应的连接,其基本公式为 S—R。也就是说,有怎样的刺激,就有怎样的反应。

第五,学习过程是一种渐进的尝试—错误的反复循环—最后成功的过程。学习进程的步子要小,认识事物要由部分到整体。

第六,强化是学习成功的关键。语言行为需要正向强化才能形成并得到巩固。正向强化主要指学习上的成就感及他人的赞许和鼓励,它是帮助学习者形成语言习惯重要的外部影响因素。

当然,行为主义学习理论有很多不足之处,如它完全否认人类学习的内在心理机制,忽视了人类的主观能动性,难免会走向机械主义和环境决定论,受到认知主义等学习流派的批评。尽管如此，行为主义心理学的研究对英语教学仍有着重大影响，这些影响明显体现在实际的英语教学实践中。例如，在语言学习的初级阶段，学生的不断观察、模仿和实践就是遵循了行为主义的学习理论。在外语教学的初级阶段，反复操练被看作是语言学习的一个重要且有效的手段，并得到了广泛的应用。

（二）人本主义心理学

人本主义的学习理论起源于20世纪五六十年代在美国兴起的一种心理学思潮，被称为"心理学的第三势力"。人本主义心理学并不形成于对学习和学习过程的研究，而是从临床心理学家、社会工作者和心理咨询工作者等一些对人类行为的基本原理和基本假设持有相似观点的心理学家的应用研究中产生的。人本主义心理学的主要发起者是美国著名社会心理学家马斯洛，近年来影响较大的代表人物是罗杰斯。他们认为，教育能够为学习者提供一个心理环境，这个环境充满人情味，学习者在这个环境中得到辅导并将其固有潜能充分地发挥出来。下面对他们的观点进行具体介绍。

1. 需求层次论

人本主义心理学的动机论是以马斯洛的"需求层次论"为基础的，马斯洛从人的自我实现需要出发，将人的需要从低级到高级分为五个等级：生理需求、安全需求、社交需求、尊重需求、自我实现需求。其中，自我实现需求指的是人类能把自身中的潜在东西变成现实的东西的基本倾向，是最高层次的需求。自我实现是对天赋、能力、潜力等的充分的开拓和利用。马斯洛认为，人具有"自我实现"的动机，有"自我实现"需要的人总是致力于他们认为重要的学习和工作。

以马斯洛的需求层次理论为基础，罗杰斯提出了"自我实现"的三个阶段：

第一，"映射"阶段。在这一阶段，人的自我发展是由外界要求的"映射"产生的。例如，学生说："我要努力学习，因为老师这样要求我们。"

第二，混乱阶段。当学生有一定的自我意识时，教师对学生的要求往往与学生自己的观点产生矛盾，结果学生无所适从，处于混乱阶段。

第三，自我实现阶段。当学生的自我意识占据主导地位并认识到了自己的价值和能力时，学生便能独立地、创造性地做出判断和决定，从而实现自己的愿望。

马斯洛还针对如何使学生具备"自我实现"的学习动机的问题提出了许多策略性的建议，主要有以下几点：

其一，避开过去。学生在学习时，应将全部身心投入到学习中，排除先前事件的影响。特别是对于程度相对较差的学生来说，如果他们总是持有"我以前学得不好"的观念，那么他们将会停滞不前，不能取得进步。

其二，保持积极接受的态度。所谓积极接受的态度，是指学生学习时，既要全神贯注、独立思考，又要虚心接受别人的意见。马斯洛指出，当我们以非干扰和安全接纳的方式与别人相处时，就能感到更多东西。因此，同学之间的互帮互学十分重要。

其三，防止两种心理障碍。其一是"低俗化"，即自以为看透所有世俗，不相信神圣的、美好的东西。其二是"约拿情结"，这是指那种畏惧美好和神圣事物的心理障碍。

2. 学习类型论

罗杰斯将学习分为两类,即无意义学习和有意义学习。

(1) 无意义学习

无意义学习只涉及心智,它不涉及人的感情或个人意义,与完整的人无关。无意义学习类似于无意义音节的学习。学生要记住这些无意义音节是一项困难的任务,因为它们是枯燥乏味、无关紧要、很快就会忘记的东西。在罗杰斯看来,学生在课堂里学习的内容,有许多对学生来说都具有这种无意义的性质。几乎每个学生都会发现,他们课程中有很大一部分内容对自己是无个人意义的。

(2) 有意义学习

有意义学习不仅是一种增长知识的学习,而且是一种与每个人各部分经验都融合在一起的学习,是一种使个体的行为、态度、个性以及未来的行动方针发生重大变化的学习。例如,一个五岁小孩迁居到另一个国家,在不进行任何语言教学的情况下,让他每天与新的小伙伴们一起自由地玩耍,他在几个月内就会掌握一种新的语言,而且还会习得当地的口音。原因就在于他是以一种对自己有意义的方式去学习新语言的,所以学习速度极快。倘若请一个专门的语言教师去教他,在教学过程中使用对教师有意义的材料,那么他的学习速度将会极其缓慢,甚至停滞不前。罗杰斯认为,意义学习能将逻辑与直觉、理智与情感、概念与经验、观念与意义等结合在一起。当我们以这种方式学习时,我们就成了一个完整的人,即成了能够充分利用我们自己所有阳刚和阴柔方面的能力来学习的人。

有意义学习包括如下四个要素:

其一,学习具有个人参与的性质,即整个人的认知和情感都投入到学习活动之中。

其二,学习是自我发起的,学生由于内在的愿望主动去探索、发现和了解事件的意义。

其三,学习是渗透性的,它会使学生的行为、态度乃至个性发生变化。

其四,学习是由学生自我评价的,学生自己评估自己的学习需求、学习目标是否完成等,因为只有学生最清楚某种学习是否满足自己的需要、是否有助于获取他想要知道的东西、是否明了自己原来不甚清楚的某些方面。

3. 学习实质论

人本主义心理学指出学习的实质是形成与获得经验,学习的过程就是经验的形成与获得的过程。在人本主义心理学的基础上,人本主义学习理论从以下四个方面来解释学习的实质。

(1) 学习即"形成"

人本主义学习理论重视学习方法的学习和掌握,强调在学习过程中获得知识和经验。在实际学习过程中,很多有意义的知识或经验不是从现成的知识中学到的,而是在做的过程中获得的。学生通过参加学习活动,进行自我发现、自我评价和自我创造,从而获得有价值的、有意义的经验,获得如何进行学习的方法或经验。所以,最有用的学习是学会如何进行学习。

(2) 学习即理解

罗杰斯认为，个人的学习不是机械的刺激和反应之间的连接的总和，而是一个心理过程，是个人对知觉的解释。具有不同经验的两个人在知觉同一事物时，往往会出现不一致的反应，这是因为两个人对知觉的解释不同，所以他们所认识的世界以及对这个世界的反应也不同，而并非所谓的连接的不同所致。因此，要了解一个学生的学习过程，关键是要了解学生对外界情境或刺激的解释，而不是只了解外界情境或外界刺激。

(3) 学习即潜能的发挥

人本主义心理学家认为，人类具有学习的自然倾向或学习的内在潜能，人类的学习是一种自发的、有目的、有选择的学习过程。人本主义的学习观将学生看作一个有目的、能够选择和塑造自己行为并从中得到满足的人。因此，教学的任务就是创设一种能够有效激发学生学习潜能的情境，以使学生的潜能得以充分发挥。强调教学要以学生为中心，教师的任务是帮助学生增强对自我和变化的环境的理解。此外，人本主义学习理论还强调学习过程应该是一个愉快的过程，在教学中不应将强迫、惩罚以及种种要求或约束作为促进学生学习的方法。

(4) 学习是对学生有价值的学习

学习的内容应该是对学生有价值、有意义的知识或经验。只有当学生真正地了解所学内容的用处时，学习才能成为最好的、最有效的学习。通常来说，学生感兴趣并认为是有用处、有价值的经验或技能比较容易学习和保持；而那些学生认为是价值小且效用不大的经验或技能通常学习起来很困难，也容易遗忘。人本主义学习观提示教师要尊重学生的兴趣和爱好，尊重学生自我实现的需要，在课程内容的设置上给学生以充分的自由，允许学生根据自己的兴趣和爱好以及自我需要来选择有关的学习内容。

(三) 从知心理学

认知学习理论是通过研究人的认知过程来探索学习规律的学习理论。认知学习理论倡导者认为，学习就是面对当前的问题情境，在内心经过积极的组织，从而形成和发展认知结构的过程，强调刺激—反应之间的联系是以意识为中介的，强调认知过程的重要性。认知学习理论的代表人物有很多，瑞士儿童心理学家皮亚杰是其中一位。皮亚杰创立了日内瓦学派和信息加工心理学，即运用信息加工的观点研究人的认知活动。

无论一个人的知识多么高深、复杂，都可以追溯到他的童年，甚至是胚胎时期。皮亚杰的理论试图以认知的社会、历史根源以及认知所依据的概念和"运算"的心理起源为依据来解释认知，尤其是科学认知。在皮亚杰看来，人出生以后如何形成认知、发展思维、受哪些因素制约，各种不同水平的智力及思维结构是如何先后出现的等问题都值得研究。因此，他的研究主要集中在两个方面：认知发展的阶段性问题和认知发展的机制。其中，认知发展的阶段理论最具有广泛的影响意义。

总之，认知心理学冲破了行为主义对心理学的禁锢，对原先无法探测的大脑活动过程进行科学的抽象，简化为可以直接观察的心理模型，通过客观方法研究更加高级和复杂的认知活动，使人类对自身的认识向前推进了一大步。

第二节 高职英语教学的构成因素

一、教师

教师是教学活动的组织者，也是影响教学效果的最重要变量之一。教师的主导作用是在与学生的交往中得以实现的。教师在教学过程中，除了要充分发挥自身的主导作用，更要注重自身素质的提高。一名合格的英语教师应该具备以下三个方面的基本素质。

（一）专业素养

教师专业方面的素养包括如下几个方面：

1. 综合教学能力

综合教学技能是指在英语教学中所需要的语言本身之外的教学能力，主要包括书写、唱歌、绘画、制作、表演等。较强综合教学技能要求如下：能写，即书写字迹工整规范；能唱，即能够结合学生学习的进程编写、教唱学生喜爱的英文歌曲；会画，即会画简笔画，并能运用于教学中；会制作，即能够设计制作适用于教学的各种教具，包括幻灯片、录像、电脑软件等；善表演，即能够充分利用体态语，以丰富的表情、协调的动作表达意义或情感，做到有声有色。

2. 系统的教学理论知识

系统的教学理论知识也是英语教师必须掌握的。所谓系统的教学理论知识，是指教师除了要具备教育学、心理学理论以外，还要掌握英语教学理论知识，这主要包括现代语言知识、英语习得理论知识和英语教学法知识等。

3. 较高的语言水平

较高的语言水平是一名英语教师的基础，主要包括扎实的语言专业知识和较高的语言技能。教师不仅要具备系统的英语语音、语法知识，还要具备较大的词汇量，同时要具有良好的听、说、读、写能力。较高的语言水平是开展教学活动的基本保障，教师只有具备较高的语言水平，才能全面地掌握教材，才能向学生传授英语语言知识，培养学生的英语语言技能。

4. 英语教学的组织能力

英语教学的组织能力主要指教师动员和组织学生集体进行学习的能力。这一能力主要表现在教师有效地掌握课堂、有效地动员学生积极参与学习等方面。在有效掌握课堂方面，教师要做到以下几点：注意教材内容、自己的言语和言语表达；注意学生理解和表达的正确性，包括语音、语法、词汇及思想表达等方面的内容；注意课堂情绪和纪律；注意掌握学生的注意力。做到以上几点，教师才可以使课堂教学井然有序。要想有效动员学生积极参与学习，教师需要具有一定的创造性。教师一进课堂就要进入一种创造性的境界，思维活跃，能够很容易地自由运用知识技能，从而使学生得到有力的感染，愿意全身心地投入教师引导的学习活动中。流利的英语表达本身就是动员学生的一种力量，教师发音要清晰、准确、流利，内容易懂、明确。而且，还要能根据学生的语言水平来组织自己的语言，使用学生学习过的词汇和语法结构。

5. 传授和培养英语知识技能的能力

（1）教师要善于讲解

讲解是所有教师所必须具备的最主要、最基本的工作能力。一名合格的教师要善于将复杂的教学内容变得通俗易懂，能够深入浅出地进行讲解。为此，教师不仅要充分了解学生的心理、生理特点以及学生的英语水平，还要认真细致地做好备课，并且要根据不同的内容选择适当的讲授方法，在讲解的过程中还要做到重点突出。

（2）教师要善于示范

英语教学既要传授知识，又要培养技能。学生语言技能的训练包括发音、书写、朗读、对话，这些都需要教师进行示范，然后学生对教师的示范进行模仿。教师要将示范和讲解相结合，用示范配合讲解，或者用讲解来突出示范中的重点，做到示范正确标准。由于示范是为了让学生进行模仿，因此还要与学生的实践相结合。

（3）教师还要善于提问启发

向学生提问是英语教学的重要手段，教师要善于使用这一手段。例如，在讲授新知识之前通过提问来复习旧知识；用提问检查与复习讲授的内容。使用提问教学手段时教师要注意两点：提出的问题要适合学生的实际水平；提问要注意调动全班学生的积极性。

（4）教师要善于引导学生进行练习

语言技能的培养需要大量的语言实践，如语音练习、语法练习、口语表达练习、听力培养练习、阅读练习、写作练习等。教师要熟悉各种练习形式的作用，并在英语课堂教学中引导学生进行各种练习活动，有效培养学生的语言技能。

（5）教师要善于纠正学生言语中的错误

学生学习英语是一个逐步进步的学习过程，在这个过程中难免会出现错误。有些错误是学生可以自行改正的，教师对此类错误不必纠正。而对于有些必须纠正的错误，教师也应该有策略、有技巧地进行纠正。哪些错误需要纠正，哪些错误不需纠正，在何时纠正，如何纠正，都反映着教师的教学实践素质。

6. 较强的科研能力

以往的英语教学只要求教师具备一定的语言水平和教学水平。但是随着时代的发展，教育对教师提出了新的要求，教师除了语言水平和教学水平外，还要具备较强的教育科研意识和科研能力。

一名优秀的英语教师不仅是教学的实践者，还应该是科研的参与者，是英语教学与学习规律的研究者。长期以来，我国的英语教学在很大程度上是照搬国外的英语教学理论和教学方法的。这在一定程度上促进了我国英语教学的发展。但是，由于这些理论和方法大多是针对第二语言学习者提出的，而且中国的英语教学具有自己独特的语言文化背景，中国的学习者具有自己独特的生理与心理特点，因此这些理论与方法并不一定适合我国的英语教学。为了提高英语教学的效果，我们不应满足于借鉴国外的教学理论与方法，还应充分考虑中国的特色，结合我国的教学实践，通过融合与创新，努力探索具有中国特色的英语教学之路。为此，教师应该结合自己的教学经验和教学实践，通过不断调查研究教学实践过程，分析总结经验，改进教学，并将其中成功的经验上升为新的理论，丰富我国的英语教学实践，促进我国英语教学的发展。

（二）师德素养

师德是教师最重要的素养，也是教师从事教育教学活动的动力源泉。师德决定着教师对学生的热爱、对事业的忠诚、对教学执着的追求和对人格的塑造。同时，师德还直接影响着学生的成长。因此，英语教师必须具有坚定的理想信念，科学的世界观、人生观、价值观，忠于人民的教育事业，具有爱岗敬业的奉献精神，热爱学生。教师只有自身真正懂得奉献、体现公正、具有责任感，才能言传身教。

（三）人格素养

人格素养是教师素养的综合体现。"学高为师，身正为范"概括了教师的职业特征和专业特征，同时也概括了对现代英语教师人格塑造的要求。一名优秀的英语教师应具有高尚的道德品行，令人愉快的个人性格，宽容、谦逊、好学的品质，正确的自我意识，良好的心理素质，幽默的语言表达，和谐的人际交往，端庄的仪表风度，崇高的审美素质，积极耐心的工作态度以及丰富的知识经验等。这些方面并不是孤立的，而是相互联系、相互影响的。

二、学生

学生是英语课堂教学的主体和中心。每个学生都是独特的个体，他们之间存在着各种差异，这些差异尤其体现在语言潜能、认知风格、学习动机、学习态度以及自身性格等方面，而且这些差异使他们理解和掌握新知识的速度和程度不尽相同。这里重点分析一下学生在各方面存在的差异。

（一）语言潜能差异

语言潜能是学习英语所需要的认知素质，是学习英语的能力倾向，它是一种固定的天资。努力提高学生英语素质就是要培养学生的综合语言运用能力，而语言潜能正是根据学生的认知素质来预测其学习英语的潜在能力。

外语学习能力应包括以下几种：

第一，语音编码、解码能力，即关于输入处理的能力；

第二，归纳性语言学习能力，它是有关语言材料的组织和操作的能力；

第三，语法敏感性，它是从语言材料中推断语言规则的能力；

第四，联想记忆能力，它是关于新材料的吸收和同化的能力。

不同学生的语言潜能存在着差异。在教学过程中，教师应了解学生的语言潜能进而因材施教，使之针对不同的学习任务在不同场合发挥各自的长处，以收到事半功倍的效果。

（二）认知风格差异

认知风格是指人在信息加工（包括接受、储存、转化、提取和使用）过程中，表现出来的认知组织和认知功能方面的持久一贯的风格，它既包括个体知觉、记忆、思维等认知过程方面的差异，也包括个体态度、动机等人格形成和认知功能与认知能力方面的差异。不同的学习个体有不同的认知风格。不同的认知风格各有其优势和劣势，但这并不代表学生的学习成绩有差别。学生之间可以有各自偏爱的信息加工方式，在学习不同材料时也会各有所长。当学生的认知风格与教师的教学风格、学习环境中的其他因素相吻合时，其学习成绩会更好。因此，教师应了解并尊重学生不同的认知风格类型，针对不同的学习任务和学习环境因材施教，妥善引导，使自己的教学特点与学生的需要有机联系，进而取得良好的教学效果。

三、教学内容

教学内容是连接学生和教师之间的桥梁，也是教学实践中不可或缺的一个重要构成因素。所谓教学内容，就是指在教学活动中为实现教学目标，师生共同作用的知识、技巧、技能、思想、观点、概念、事实、问题、行为习惯等的总和。教学内容是一种特殊的知识系统，既不同于语言知识本身，也不同于日常经历；既要考虑英语学科本身的知识体系，又要考虑学生的年龄特点和实际需求等。一般来说，教学内容包括以下几个方面：

（一）语言知识

基础英语语言知识是综合英语运用能力的有机组成部分，是语言学习和语言运用的重要内容之一。没有扎实的语言知识，就不可能具有较强的语言能力。

（二）语言技能

听、说、读、写是学习和运用语言必备的四项语言基本技能，是学生形成综合语言运用能力的重要基础和手段。听是分辨和理解话语的能力；说是运用口语表达思想、输出信息的能力；读是辨认和理解书面语言的能力；写是运用书面语表达思想、输出信息的能力。学生通过大量听、说、读、写的专项和综合性语言实践活动，形成这四种技能的综合运用能力，为真实语言交际奠定基础。

（三）情感态度

所谓情感态度，是指兴趣、动机、自信、意志和合作精神等影响学生学习过程和学习效果的相关因素，还有在学习过程中逐渐形成的祖国意识和国际视野。在教学中，教师应不断激发并强化学生的学习兴趣，引导他们逐渐将兴趣转化为稳定的学习动机，树立自信心，锻炼克服困难的意志，认识学习的优势与不足，乐于与他人合作，养成健康向上的品格。

（四）文化意识

在英语教学中，文化指所学语言国家的历史地理、风土人情、传统习俗、生活方式、文学艺术、行为规范、价值观念等。对学生来说，接触和了解英语国家文化有益于对英语的理解和使用，加深对本国文化的理解与认识，有利于提高人文素养，培养世界意识。因此，教师在教学中要主动向学生渗透文化意识，根据学生的年龄特点和认知能力，传授文化知识，培养文化意识和世界意识。

（五）学习策略

学习策略是指学生为有效地学习和发展而采取的各种行动和步骤。英语学习的策略包括认知策略、调控策略、交际策略和资源策略等。培养学习策略有助于学生有效学习英语，为终身学习奠定基础。使用有效的英语学习策略，可以改进英语学习方式，提升学习效果，还可以让学生学会如何学习，从而培养学生自主的终身学习能力。因此，教师要有意识地帮助学生形成适合自己的学习策略，对自己的学习过程和效果进行监控和反思，培养学生根据学习风格不断调整学习策略的能力，引导学生观察他人的学习策略，与他人交流学习体会，尝试不同的学习策略。

教材是教学内容的重要载体，是教师用来教学的材料，也是学生用来学习的材料。简单地说，教材是为教师的教和学生的学服务的，是课堂的必需要素。然而，教材是死的，学生是不断变化的，而且任何教材的编写都受编者水平和资料的限制，不可避免地会存在某些缺点和不足。如果教师一味地以完成教学任务为目的，忽略学生的反应，按部就班地使用教材，恐怕很难起到促进学习的作用。因此，在教学过程中，教师应灵活处理不同的教材，在课上或课下询问学生的感受，及时调整教学的方法和进度。

四、教学环境

任何教学活动都是在一定的教学环境中进行的，教学环境是教学活动的基本要素之一，是开展教学活动的依托。同样，英语教学也必须在现实的英语教育环境中进行，所以英语教育受制于环境这一因素。

（一）教学环境的构成要素

英语教学环境是指英语教学赖以进行的实际条件，即能稳定教学结构、制约教学运作、促进个体发展的教育条件和环境因素。环境因素是制约和影响英语教学活动和效果的外部条件。教学环境主要由以下几个要素构成：

1. 学校环境

学校是为学生提供学习场所和学习手段的最佳环境，它对英语教学的影响更为重要和直接，决定着绝大多数学生英语学习的成败。学校环境主要包括课堂教学、接触英语学习的频率、班级的大小、教学设施、教学资料、英语课外活动、英语教师及其他教职工对英语的态度及其英语水平、校风班风和师生人际关系等。

2. 社会环境

社会环境是影响和制约英语教学过程的重要因素，它主要指社会制度、国家的教育方针、英语教育政策、经济发展状况、科学技术水平、人文精神、社会群体对英语学习的态度以及社会对英语的需求程度等。社会环境因素是英语教学向前发展的动力，对英语教学具有重要的导向作用。

3. 个人环境

个人环境主要包括学生的家庭成员、同学、朋友的社会地位，物质生活条件，文化水平，职业特点和对英语学习的态度、经验、水平及学习方式，成员之间的关系及感情，学生的经济状况，拥有的英语学习设备和用具等。个人环境也会对学生的英语学习产生一定程度的影响。

（二）教学环境对英语教学的意义

成功的英语语言学习活动离不开其得以存在、发展、交流、应用的各种环境因素。教学环境潜在地影响着教学活动的效果，是学生学习活动赖以进行的主要环境。教学环境对英语教学的意义主要表现在以下几个方面：

第一，促进教师在教学中更加努力地营造良好的英语课堂教学环境，充分利用现代化教学手段与教学资源，优化教学环境，提高学生对英语的运用能力。

第二，可以帮助教师正确认识环境对学生英语学习的客观影响，结合中国的英语教学实际，理性地分析、判断和选择外国的英语教学理论和教学方法。

第三，可以帮助教师有效地加工语言输入材料，科学地设计语言练习，创设良好的课堂英语使用环境。

第四，有利于教师在不断学习和实践优化课堂教学环境的策略、创设良好的英语教学环境的过程中，提高其自身的教学素质。

五、教学方法

语言教学教无定法，贵在有法。在英语教学历史上，有多种教学方法都曾经发挥过重要作用，有效地促进了英语教学的发展。例如，翻译法、直接法、自觉对比法、听说法、视听法、认知法、功能法以及由此派生出来的口语法、全身反应法、自然法、沉默法、暗示法、交际法等。但是，实践证明，没有哪一种教学方法是最好的、最有效的，也没有哪一种方法适用于所有时期、所有地区、所有教学内容。如果一个教师在英语教学中，采用一成不变的教学方法，必然会使学生感到厌烦。而且，不同的教学方法对不同的语言知识、语言技能各有侧重，综合、灵活地运用各种教学方法，才能有效促进学生英语能力的提高，才有利于学生英语水平的全面发展。

在英语教学中，教师应该注意无论使用什么样的教学方法，都必须以学生的语言交际作为教学的出发点，尽量将教学与日常生活结合起来，鼓励学生有创造性地、有目的地运用已学语言材料，在新的生活场景中重新组织语句，表达自己的感情。同时，教师应力求使教学过程交际化，教材内容应选自真实生活中的自然交际、适合学生的年龄，对处于不同阶段的学生采取不同的教学方法。

第三节 高职英语教学开展的原则

一、以学生为中心原则

学生是教学活动的主体与内在因素,英语教学要以学生为中心,充分发挥学生的主观能动性,提高教学效率。在英语教学中,实施以学生中心原则要求教师从以下两个方面着手进行:

(一) 教材分析要以学生为中心

教材分析时,教师应充分理解并把握教学内容,了解学生所处的不同阶段的实际情况以及学生的学习能力状况,以此作为调整教学目标与任务的依据;教师还要根据学生的需要,对教材内容和活动进行心理化处理和最优化处理,使教材与学生的经验与体验结合起来,将教材内容变成问题的链接和师生对话的中介,使教材更好地服务于教学。

(二) 教学方法和手段的选择要以学生为中心

在英语教学过程中,教师应选取多样化的教学方法和手段,做到以学生为中心。直观的教学方法可以使学生直接感受和理解语言,通过视、听、说可以激发学生参与的兴趣,强化记忆。形象化教学手段可以适应学生的直觉思维特点,因此教师可选择一些利于激发学生兴趣和好奇心的媒体,如幻灯、投影、模型、录音、图片等,使他们积极地参与课堂学习,自然地感知语言,满足个人的需求。

二、循序渐进原则

英语教学的循序渐进原则主要包括以下三层含义:第一,语言的学习应从口语开始,然后逐渐过渡到书面语。英语包括两种形式:口语和书面语,且口语早于书面语出现。与书面语相比,口语词汇通常较为常用,句子结构简单,学习起来比较容易。学生通过口语的学习可以尽快地获得交际技能,满足日常交际的需要,这样就达到了学用结合的目的。第二,就听、说、读、写等语言技能的培养而言,教师应该首先侧重培养学生的听说能力,逐渐过渡到读写技能的培养上。听、说、读、写是英语的四项基本技能,应该全面发展,但是在不同的阶段,侧重点应有所不同。听说教学能使学生掌握基础的语言知识,包括语音、词汇、句子结构等,这为读写能力的培养奠定了基础。因此,在英语学习的初级阶段,教师应加强听、说的教学,然后再逐步向读、写教学过渡。第三,英语语言知识、语言技能以及使用语言的能力的完成与提高是一个循序渐进的过程。学习英语是一个螺旋式发展的过程,需要反复地循环,但这种循环并非单一的重复,每一次重复在难度和深度上都有所提高。此外,循环往复要求教学中要做到以旧带新,从已知到未知。因此,教师应以学生已有的语言知识和已熟悉的语言技能为出发点,传授新知识,培养新技能。

三、输入优先原则

英语教学要坚持输入优先原则。所谓输入和输出，是指学生通过听和读接触英语语言材料以及通过说和写来进行表达。语言输入的量越大、质量越好，语言输出的能力就越强。可见，输入是输出的基础。

在外语学习中对待语言输入的三个方面特点：第一，可理解性。是对所输入语言材料的理解；第二，趣味性和恰当性。指学习者对所输入的语言材料要感兴趣；第三，足够的输入量。足够的输入量在英语教学中也至关重要，但目前英语教学对此点有所忽视。

在英语教学中坚持输入优先原则要注意以下几个方面：其一，注重输入内容和输入形式的多样化。输入形式可以包括声音、图像、文字等，语言题材和体裁要内容广泛、来源多样。例如，利用在日常生活中每天都会接触的文具、衣服、道路标志、电器等就可以帮助学生学到许多英语。其二，教师可以通过视、听和读等多种手段，尽可能多地让学生接触英语，多给学生可理解的语言输入。教师应该打破课内外的界限，利用音像材料的示范、贴近学生日常生活和学习、适合学生的英语水平、具有时代特色的读物等，扩大学生的语言接触面，增加学生的语言输入，以利于学生更好地学习英语。其三，着重强调学生的理解能力，为学生提供的语言材料要切合学生的实际情况，具有可理解性与趣味性。向学生输入的材料要符合学生的现有水平，只要求学生理解，不必刻意要求学生即刻输出。从教学方法而言，这也坚持了先输入、后输出的原则。然而仅依靠语言的输入不可能掌握英语并形成综合运用英语的能力，还需要适当的口头和笔头的表达来检验和促进语言的输入。其四，鼓励学生进行模仿。有效的模仿是模拟生活中的真实情景，注意语言结构所表达的内容。换句话说，模仿最好是让学生身临其境去使用所要模仿的语言。例如，在结对练习、小组练习的时候，让学生根据实际情况使用所学习的语言，才能把声音和语言的意义结合起来，学生才会在课外运用所学语言。模仿是在优先输入语言的基础上，对语言进行的有效练习和输出实践。

四、兴趣性原则

在英语教学中，教师应意识到兴趣的巨大作用，尽可能调动学生的内在动机，激发学生对英语学习的主观愿望，以获得更好的教学效果和学习效果。在英语教学中，教师可从以下几个方面入手来调动学生的学习兴趣：第一，尊重学生的主体性，充分了解学生的特点。教师必须清楚地认识到学生是英语课堂的主体，学生通过积极主动的尝试与创造，才能获得认知和语言能力的发展，教学活动也才能达到预期的效果。教师要根据学生的心理和生理特点，遵循语言学习规律，采用多种教学方式，让学生通过体验和实践进行学习，从而形成语感，提高交流能力。第二，改变强调死记硬背、机械操练的教学方式以及传统的英语测试方式。英语学习需要一定的死记硬背和机械操练的活动，但是如果机械性操练太多太滥，则很容易使学生降低甚至失去学习英语的兴趣。为此，教师应该以学生感兴趣的方式帮助学生获取知识，使他们在获得交际能力的同时，综合素质也得到相应提高。第三，对教材进行深度挖掘。教师在备课过程中，应认真地研究教材，挖掘教材中学生感兴趣的内容与话题，使每节课都有让学生感兴趣的内容和活动，以最大限度地调动学生的积极性。

五、系统性原则

在英语教学过程中要遵循系统性原则，目的是使学生对所学内容能有比较系统、完整的概念，在各部分知识之间和新旧知识之间建立有机的联系，在消化所学内容时思路清晰而有层次。具体来说，系统性原则主要涉及以下几点：

（一）系统安排教学工作

英语教学工作的安排要有计划性，要求做到以下几点：第一，教师要有计划地备课。例如，一篇课文要上八课时，在备课时要一下子备完，不能今天上两节课就备两节课的内容，要一次备好。第二，教师的讲解要逐步深入、条理分明、前后连贯、新旧联系、突出重点，一环套一环、一课套一课，形成一个有机而系统的体系。第三，教学的步骤和培养技能的方法应该符合掌握语言的过程。要根据课程的最终教学目的，由易到难，逐步提高要求。第四，练习布置要具有计划性。要先进行训练性练习，然后再进行检查性练习。此外，练习的形式要具有体系性，相同的练习形式也要有不同的要求。第五，布置家庭作业和讲课的重点应当密切结合。每次作业要有明确的目的，课内课外要通盘考虑。第六，要经常检查学生掌握知识和技能的情况，每堂课要有一定的提问并做相应的记录，这可以对学生起到督促的作用。对于学生的平时成绩不能仅凭教师的印象来评定，因此平时对学生所做的口、笔头作业要有记录。

（二）系统安排教学内容

英语教学内容的安排要有严密的计划和顺序。例如，低年级英语教材教学内容的安排基本上应是圆周式的，对系统不要机械地去理解。教师应该按教科书的安排和班级的情况合理组织讲课的内容，确定讲课的重点。当出现一个生词时，不要急于一次把这个生词的所有意义、用法全部教给学生，当教授一条新的语法规则时，不要一次向学生交代有关这条规则的全部知识，要将知识分步教给学生。教学内容的安排应该服从教学的系统。这样才能由浅入深、由易到难、由分散到系统。

（三）系统安排学生学习

教师要指导学生进行连贯的学习。学习要循序渐进，要持久连贯地进行。因此，教师在教育学生时要有恒心，经常及时地带领学生进行复习和做好功课。此外，教师还要指导学生正确处理平时和期末的关系。必须向学生明确，即将学习重点放在平时，平时训练要从难从严，坚决反对那种平时学习不努力，期末考试临时抱佛脚、突击开夜车的做法。此外，教师还要经常关心和指导学生的学习方法，并针对学生的个人特点因材施教。

六、真实性原则

在英语教学中，坚持真实性原则就是要在教学各个环节做到真实，以培养学生综合语言运用能力为总目标，以交际法和任务型教学为策略，在真实环境中获得真实语言能力。语用真实是真实性原则的重要内涵。

在英语教学中，教师要实现语用真实，应做到以下几个方面：

（一）把握真实语言运用的目的

英语教学的最终目的是培养学生的综合语言运用能力，这种能力实际上就是一种语用能力。这里的语用目的是指教学内容体现在语用能力方面的教学目的，主要表现在以下三个方面：语句的语用功能目的；对话语篇的语用功能目的；短文语篇的语用功能目的。

（二）采用语用真实的教学法

在教学开始之前，教师应从语用的角度对课文进行详细全面的分析，研究语句使用的真实语境，准确把握课文中所有语句的真实语用内涵，选用语用真实的例句与练习，这样就可以在教学前就指向语用教学，从而保证学生能够获得语用真实的英语运用能力。

（三）设计组织语用真实的教学活动

对学生语用能力的培养应贯穿于整个英语教学过程，因此教师应基于语用真实的指导思想来设计教学活动，将语用能力的培养与呈现、讲解、例释、训练、巩固等课堂教学活动紧密结合起来。

（四）设计语用真实的教学检测评估方案

教学检测评估对教与学都具有重要的反拨作用。设计语用真实的教学检测评估方案，可以找出学生的语用能力存在的不足之处，从而对教学进行有针对性的调整与改进。此外，语用真实会引导学生在学习中更加自觉地把握学习内容的真实语用内涵，强化学生运用英语的自我意识。

七、课内外活动相结合原则

在教学实践中，要遵循课内与课外活动相结合原则，主要是因为二者之间存在的互补性，具体体现在以下两个方面：第一，课外活动具有自愿性和选择性，学生可以根据自己的兴趣爱好自愿选择参加感兴趣的活动。课内活动一般是非自愿的，也是无法自由选择的，课内活动必须按照规定的教学大纲有序进行，一般具有统一的课程和课时，这样可以保证全班同学在相同的教育过程中保持相同的步调，既有利于培养学生个性的共同点，又有利于学生系统地习得语言知识。而课外活动则基本上是以学生的兴趣为主，遵循学生的自愿性进行。第二，课外活动是真正以学生为中心，由学生独立进行和完成的教学活动，教师只是在有需要的情况下提供适当的帮助，因此课外活动更能发挥学生的主动性和独立性，更能培养学生自主学习的能力。相对而言，课堂教学活动则具有一定的局限性。尽管一直提倡课堂教学要以学生为中心，但实践起来并非易事，往往会遇到各种各样的实际困难。

根据我国目前高职院校的英语教学现状，为了更好地将课堂教学与课外活动相结合，发挥它们的互补作用，我们就要在优化课堂教学的同时，加强课外活动，具体可从以下两个方面着手：第一，激发学生在课堂活动中的主体积极性。课堂教学实际上是教师与学生以教学影响为中介的交互作用过程，这个过程能否发挥交互作用效果，很大程度上取决于学生的主体积极性。因此，如何激发学生的主体积极性就成为贯穿于英语课堂教学始终的问题。第二，减少课堂教学时间，提高课堂教学效益。就目前我国的高职院校的教学来看，课堂时间总量太大，课外活动时间过少是普遍现象。学生的潜能和优势得不到发挥，学生的创造性得不到锻炼，学生的综合素质怎能有效提高？因此，我们提倡高职院校应减少课堂教学时间，增加课外活动时间总量。与此同时，要提高课堂教学的效益，即师生以最少的时间和体脑耗费取得最大的教学效果，只有在减少教学时间的同时提高教学效益，才能保证整体的教学质量。

八、合理使用母语原则

在英语教学中，教师应当提倡学生多说英语、多用英语，但这并不意味着不能使用母语。在英语课堂上可以合理使用母语，利用母语优势帮助学生理解学习过程中的难点，这对提高教学效果有利无害。合理使用母语原则，包括在英语教学中利用母语的优势和避免母语的干扰两个方面：

（一）利用母语的优势

教师在英语教学中要学会利用母语的优势，借助汉语对一些词义抽象的单词和复杂的句子加以解释。英语学习是在学生已经熟练掌握母语之后进行的学习实践，学生在英语学习之前已经形成时间、地点以及空间等概念，已学会了表达这些概念的语言手段，况且英汉两种语言在结构和使用方面也存在许多差异，这些语言文化差异往往会造成学习英语的障碍。因此，利用母语的解释可以帮助学生更快、更好地学习和掌握英语的某些概念。适当地使用母语进行教学，有助于学生理解母语和英语之间的差异，了解英语结构和规则的特点，有助于师生之间的顺利沟通和深化对语言差异的理解和消化，从而提高学习效果。

（二）避免母语的干扰

母语交际先于英语第二语言的学习且已基本上被学生熟练掌握。英语的学习是个相当复杂的过程，母语的使用习惯可能会给英语学习带来障碍。在学习英语的过程中适当使用母语，用母语简单讲授英、汉两种语言在某一结构、某一用法上的差异和特点是可以的。但对母语优势的利用一定要掌握一个"度"，避免将母语的使用规则迁移到英语的使用上。如果过多地或一味地使用母语，会在很大程度上给英语的学习带来不利。在英语教学中利用和控制使用母语，要注意以下几个方面：

第一，目前而言，随着科学的发展、教学方法的改进和现代教学手段的运用，多用母语作为教学手段的效果日益减弱且劣势日益明显。英语教师结合现代化教学设备，运用更加直观的教学手段有更大的创造空间。

第二，在英语教学中，学生对所学英语词句的理解是相对的。理解包括知道这些语言现象及其隐藏在现象后的本质。在初始阶段，没有必要引导学生过分追求本质，这主要是由于英语的很多用法是习惯问题，很多情况用逻辑推理不通。例如，看电影用 to see a film 而看电视则说 to watch television.

第三，在英语教学中，教师应控制使用母语，尽量用英语上课。要充分考虑教师运用英语的能力、学生的理解能力和接受效果，教师尽量用教过的英语讲话，也可借助图画、实物、表情、手势等直观手段，也可以将关键词写在黑板上，使师生的交际能力在课堂教学中得到有效的提高。

总之，英语教学的过程要成为有意识地控制使用母语和有目的地以英语作为语言交际工具和媒介的过程，坚持合理使用母语原则才能更有效地优化教学效果。

九、最优化原则

在英语教学中，最优化原则体现在某一方面知识内容的教学中，在几种教学媒体都可用的情况下，选用教学效果最好的媒体；教法选择最优化；结构安排最优化；角色搭配最优化；具体运用最优化。针对在非母语环境下进行英语教学的现状，努力营造轻松自然的语言氛围，促进语言习得。因此，多媒体软件和课件要便于学习者操作和控制。具体来说，课件的内容、布局、导航图标性能、菜单功能设计以及学习者的自由度，是影响学习者操作和控制课件的主要因素。为了提高学习效率，减少学习者的焦虑感，增强他们的学习兴趣和信心，课件应该从学习者的需要出发，尽可能地使课件方便适用。

第二章 高职英语学习理论

第一节 "学习金字塔"理论

随着全球化的快速发展、先进技术和设备的不断引进、外向型经济发展日新月异、社会生活信息化和经济活动全球化使英语成为我国与世界各个国家紧密交往的重要工具。同时，社会对具有专业英语能力的技术型应用人才的需求增加。高等职业院校作为我国高等教育中应用型人才的输出基地，承担着各类技术人才职业能力培养的重要工作。

一、"学习金字塔"理论

"学习金字塔"理论，最早于1946年由美国著名教育家、课程理论家埃德加·戴尔提出的一种现代学习方式。美国缅因州的国家训练实验室用形象的数字形式"金字塔"展示了学习者在运用不同学习方式时所记内容的留存率。它将学习内容分为两个阶段，"被动学习"和"主动学习"，从塔尖到塔底的学习方式依次是"听讲""阅读""视听""演示""讨论""实践""教授给他人"这七种类型。①站在塔尖的"听讲"，表示学习者通过教师讲授的传统方式所记住的学习内容只有5%；②排在塔尖第二位的"阅读"，表示学习者通过阅读、浏览方式记住的学习内容占10%；③排在第三位的"视听"，表示通过视频、声音、图片等方式学到的知识可以保留20%；④第四个"演示"，表示运用示范的方式学到30%的内容；⑤"讨论"表示课堂的小组讨论方式可以使学生记住50%的知识；⑥"实践"表示通过实践操作可以学到75%的学习内容；⑦在金字塔最底端的"教授他人"是指教会别人应用，也是将自己所学的知识消化转而指导他人的能力，当可以自如运用所学知识的同时，所获得、记住的内容将达到90%，这样就构成了"学习金字塔"。

由此可见，由塔尖到塔底，所学内容保存率越来越高，学习保存率在30%以下的四种学习方式，都是属于个人被动式的学习阶段，而知识保存率在50%~90%的讨论、实践、教授他人都是属于参与式和主动式的学习阶段。

金字塔顶端的几种学习方式，实则属于传统"填鸭式"的教学，随着学生智力发展的变化和认知能力提高，高职教育教学要遵循学生认知的发展规律，在具备认知能力基础上，依照记忆、理解、应用、分析、评价、创造的顺序，由低级到高级的思维维度进行"螺旋式上升"的认知过程。传统教学模式的授课方式既不能提高学生自主学习能力和创

新能力，也不能举一反三地灵活运用所学知识，对高职学生已不再适用。

相对于传统灌输式教学"学习金字塔"理论展示出几种高效学习保存率的参与式、主动式教学，能够更好地弥补教师单方面讲授的单一和被动。教师激发学生参与课堂、主动学习、团体协作、培养思辨能力的方式才是"以学生为中心"的有效教学。

二、"学习金字塔"理论在高职院校英语教学中的运用

《礼记》中记载，"独学而无友，则孤陋而寡闻"，意为如果学习中缺乏学友之间的交流、切磋，则会导致知识闭塞、见识狭隘。从"学习金字塔"理论可以看出，获得知识50%以上的良好效果都来自团队，来自参与式教学活动。所以，教师在准备教学计划时，应当多考虑参与式的课堂互动策略，不断地讨论、协作、展示、评价可以加速学生对知识的消化与获得，同时提升教学效果。

无论是提高课堂教学效果还是提升学生英语能力，在课程教学预备环节就要明确该课程的教学目标、课程标准和教材指导大纲，确定本学期教学目标和每个课堂教学目标。教学方法的选择与使用取决于课堂教学目标的制订，课堂教学效果的好与坏取决于教学方法与形式的运用。在目前高等职业院校英语教学过程中，就"学习金字塔"理论，本文将提出几点应用策略，以供参考。

（一）设置"学习金字塔"的开场课，引入概念

20世纪40年代美国社会心理学家所罗门·阿希提出人与人交往中主体出现的次序对印象产生的影响，最初建立的印象有着高度的稳定性，而后继输入的信息甚至不能使其发生根本性的改变，也就是所说的第一印象。可见，首因效应的存在可以帮助教师更好地利用第一堂课。初次课堂，教师要充分利用学生精力高度集中，学生对教师、新课堂的新鲜感、对本课程的认同感，摄入"学习金字塔"理论，引起学生重视，引导学生如何正确地有效学习。

教师可以在这一环节将"学习金字塔"理论与实践教学相结合，设定今后的具体教学发展活动内容，例如，"讨论"—讨论课、"实践"或"做中学"—辩论赛、角色扮演、演讲"教别人"等。这样一来，开场课的意义远大于一般课堂的五十分钟，不但能教授学生有效的学习方法，促进其自主学习能力的提升，而且有助于加强学生对课程的整体把握，为今后教学内容奠定坚实基础。

（二）充分运用视听教学，激发学生学习兴趣

目前，大多数学校基本能够配备多媒体设备，运用现代教育技术手段可以有效提高课堂质量，激发学生兴趣。教师可以利用多媒体将知识点的相关背景、原始资料、句法结构等以图片、音频、视频、课件等多种形式展示出来，再利用"头脑风暴"，进行分组讨论、发表观点，最后在下课前进行总结、点评。

（三）掌握实践教学，培养学生听说能力

"学习金字塔"中的实践方法策略可以使学生全情投入参与课堂，只要教学发展活动

与教学目标相契合、与教学任务相一致，就可以达到使学生"做中学""学中做"的效果。角色扮演和配音模仿都是很好的改善策略。一方面，将课本部分章节分角色扮演；另一方面，可以选取感兴趣的影视片段配音模仿，有的学生可以将经典配音重现，有的可以将经典语句牢记和摘抄下来。这样提高了学生的听力，锻炼了口语表达能力，同时也扩大了词汇量。

（四）学会"教别人"，提升学生英语综合应用能力

"学习金字塔"理论的最底层"教别人"，即保证90%所学到的知识最大限度地输出与输入，可以说是最快、最有效提升英语学习能力的方法之一。"教别人"是教师教授的知识真正转化成学生自己的内容的体现。然而，由于课堂时间和教学任务的限制，每一位学生不可能都有机会教别人。教师需要把概念与理论告诉学生，"教别人"可以体现在课前、课后甚至是课下进行，引导学生将课堂内容通过"教授"而消化。著名的诺贝尔物理学家理查德·费曼基于灵感形成"费曼技巧"，简单地来说，有四个步骤：第一步选择一个概念；第二步把它教给完全不懂的另一个人；第三步回到原始材料；第四步简化语言表达出来。

高职英语教学可以利用"费曼技巧"提高学生的英语综合能力，主要体现为"教师—知识—学生—知识—学生"的传递过程。

以英语课本的阅读文章为例，首先，拿出一张白纸，写出文章主题，建立大纲，并用自己擅用的简单词汇、句型复述所记住的文本给自己听；其次，学生不可避免地卡壳或忘记重点，这时标注并回顾原文，重新学习，直到可以用自己的语言，条理化地组织出流畅故事来，最终也可以讲给他人。在整个过程中，学生不仅提升了读与说的英语应用能力，同时加强了思辨能力与逻辑能力。"费曼技巧"很好地解决了"学习金字塔"中"教别人"时遇到的困境，使学生深入知识点，加强记忆，扎实掌握学习内容。

"学习金字塔"理论的运用，可以帮助教师在了解学生所掌握知识的基础上，对课堂教学发展活动进行探究，根据不同的教学内容定制不同的教学策略，教师需要克服一定主观因素，自觉更新教学理念，不断学习、总结、研究适用于学生现状的教学方法，使学生由被动式学习转化为主动式学习，由个体学习再到参与式学习，使学生获得学习探究的技能，促进语言和表达能力的发展，并引导他们自主学习。

第二节　以人为本理念

以人为本的教育理念顺应时代发展的要求，能够提高学生的潜能，促进学生的全面发展。目前高职英语教学中仍然以"满堂灌""填鸭式"为主，要进行素质教育，培养学生的核心素养，必须把以人为本理念贯彻到高职英语教学中。

高等职业教育是我国高等教育的重要组成部分，而高职院校英语教育存在的问题使高职英语教学效率不高，无法完成我国素质教育的目标。因此，提出高职英语教学中贯彻以

人为本教育理念势在必行。

一、"以人为本"的概念界定

以人为本是指从人出发、以人为最终根据和最高目的去考察、说明和处理一切问题的以人为中心的世界观和哲学。以人为本教育理念就是在教学中把学生作为教育的出发点，把学生的发展放在教育的第一位。以人为本是人本主义理论的核心价值观。

教育的目的就在于造就人、发展人。以人为本就是人本主义理论的诠释。它的教育目的是关注教学中对学生内心世界的了解，顺应学生的兴趣、需要、经验、个性差异，达到开发学生的潜能，激发其创造力。

二、运用以人为本理念创新高职英语教学的方法

（一）教师要多了解学生，尊重学生

学生是有差异的，要尊重学生的个性差异，挖掘潜能，因材施教。如对于单词记忆，可以让学生自己找出有意思的记忆方法：谐音记忆法、对比记忆法、形象记忆法、口诀记忆法等；口语教学可以采用英语原声电影、英文原版简易读本、英语绕口令、口语小竞赛等各种形式和手段激发他们学习的兴趣，让学生由被动地学习变为自己要学，提高其学习兴趣和自主学习能力。

（二）学生自主设计学习环节，互助合作

由于学生能力各不相同，英语教师可以让学生进行自主环节教学设计，提高他们的学习兴趣，并能做到提前预习，互相合作，提高学习能力。如在 Pried 2, Model 5 The Great Sports Personality 这一篇课文的教学过程中，让学生来设计这一课，自己准备课件，自己讲解，一周后把这篇课文呈现出来。学生的设计不可能尽善尽美，但是循序渐进，就可以提高对英语的学习兴趣。

（三）提高课堂管理水平

课堂管理是以能够开发学生潜能，能够提升学生进步空间和高效课堂为目的来提高学生个人能力的教学活动。所以高职院校英语教师应该改变原有的教学模式，以学生为主，让学生参与到教学环节，提高他们在课堂中学习英语的兴趣。有效的课堂管理就是要创造出能够使学生在教师的引领下，在规定的时间内积极有效地完成学习任务的教学课堂环境。教师只有具有明确的课堂目标：可行的计划、良好的组织能力、积极有效的行为控制手段才能真正做到对英语课堂的掌控，提高课堂效率。

（四）教师要积极参与教学改革

面对高职学生英语基础差、兴趣不浓厚的情况，学校就要更注重采用新的教育模式、教学方式，积极参与教学改革。我国教育提出的素质教育不是一句口号，需要教学中脚踏实地地执行，尊重自己的学生，爱自己的学生，促进学生的全面发展。我们要采用以人为本的教育理念，以期提高教学水平，发展学生的能力，培养高素质人才。

总之，以人为本是现代教育文明的重要标志，作为高职英语教师应该积极把以人为本理念贯彻下去，在英语教学中平等地关爱每一个学生，努力实现学生的自主意识、创新意识，发现其潜能，实现其价值，提高教学效果，最终实现学生的全面发展。

第三节　克拉申的输入假设与斯温纳的输出假设

一、克拉申的输入假设

克拉申博士是美国南加州大学语言学系的教授。在一系列他人和自己研究的基础上，他提出了旨在解释第二语言是如何习得的学习理论。他的理论常称为监察模式。

克拉申的监察模式由五个假设组成，即习得和学得假设、自然顺序假设、监察假设、输入假设和情感过滤假设。

按照习得和学得假设，培养第二语言或英语能力有两种不同的途径，一种是习得，另一种是学得。习得是一种自然的方式，它是一种觉察不到的过程，像小孩习得母语一样，在有意义的交际中，通过对语言的理解和语言的使用，自然获得使用语言的能力；学得是指有意识地学习语言规则的过程。学得最后能弄懂语言知识，并能把语言规则予以表述。正规学习能促使学得发生，错误的纠正能帮助弄懂规则，但学得不能促使习得发生。表2-1可展示习得和学得之间的区别：

表 2-1　习得和学得的区别

内容	习得	学得
区别	不知不觉的过程	意识到的过程
	内化隐含的语言规则	获得明示的语言知识
	正式学习无助于习得	正式学习有助于语言知识的获得

克拉申提出自然顺序假设来说明习得语言规则是有一定的次序的。按自然顺序假设，一种语言的语法规则或结构是按一定的、可以预示的顺序习得的，在学习第二语言（英语）时有相类似情况。克拉申经常引用的词素习得顺序：

动词原形 + ing 名词复数和系动词→

助动词 be 的进行时冠词→

不规则动词过去时→

规则动词过去时、现在时第三人称单数→

克拉申提出语言输入假设来说明语言是怎样习得的。他认为，只要人们接收到足够的语言输入，而这些输入又是可以理解的，那么人们就可以习得语言。克拉申还认为，如果人们的语言水平为 i，他们接触到大量含有 i+1 的语言输入，那么他们的水平就会从 i 向 i+1 提高。按这个假设，人们流利说话的能力是不能从直接教授而获得的，而是靠大量听和读的练习、接触大量的语言输入后自然获得的。因此，说的练习对习得来讲是没有帮助的。

克拉申还提出输入假设来说明学得的作用。克拉申认为，有意识的学得（知识或规则）只能起到监察的作用。这种监察作用可以发生在写或说之前或之后。例如，在说话之后，发现自己的讲话出现了错误，那么会进行自我纠正。

但是学得的监察作用只有具备下面三种条件才能得以发挥：首先，必须要有充裕的时间；其次，必须把注意力放在语言形式的正确性方面；最后，必须懂得规则。这就意味着在正常的交际中，我们是很难发挥学得系统的监察作用的，其主要原因就在于我们不可能有充分的时间去考虑怎样运用规则。

克拉申提出情感过滤假设来说明心理或情感因素对英语学习的影响。影响第二语言学习的心理或情感因素包括一个人的动机、信心和忧虑程度。克拉申把情感因素看作可以调节的过滤器，这个过滤器可以让语言输入自由通过或阻碍通过，而语言输入只有通过了过滤器才能到达语言习得机制并为大脑所吸收。因此，在第二语言学习过程中，强烈的动机及自信心和低的忧虑状态对习得来说是较为有利的。

上述的五个假设构成了克拉申第二语言教学理论，这个理论对英语教学有一定的启示作用。

按照克拉申的教学理论，进行英语教学时应该尽量向学生提供可理解的语言输入，为学生习得语言创造一个有利的环境。教师应使用一切手段来增加语言输入的可理解性，如教师可采用直观的教具（如实物、图片、电影等）来辅助教学，也可以按学生水平，使用不同的词汇和语言结构来教学。此外，教师应创造一个轻松愉快、自由自在的学习气氛，只有这样，语言输入才能更有效地为大脑所吸收。因此，不要给学生施加压力，在学生不会回答问题或还未有能力作答时，不要强迫他们作答。在学习的最初阶段，可使用"全身反应法"来教学，这样可以减少学生的忧虑，避免产生害怕犯错误的心理。与此同时，语言输入应是有趣的，学生应在教学中参与有意义的交际活动，而不是句法形式的训练，这样才能更好地调动学生学习的积极性，提高学习的效率。由于习得依赖可理解的输入，因此，课堂的活动应该集中在听和阅读两个方面的训练上，说的能力应让其自然产生。

对克拉申的输入假设，教学界和应用语言学界做出了各种各样的反应。在美国，不少教授第二语言的教师都接受了克拉申的观点，与此同时，也有不少学者对监察模式提出了不同的看法。

第一，习得和学得两者都没有明确的定义，因此，在某种情况下，很难判别是习得还是学得在起作用。到底学得能否转化为习得呢？这还是一个没有解决的问题。

第二，说学得只有监察作用是不全面的，它还可以有理解作用。如果学得只有监察作用，人们学习第二语言（英语）只靠习得，那么在第二语言学习中，规则学习是否不需要？

第三，自然顺序假设只是在某些学者对词素研究的基础上总结出来的，根据词素的研究情况进而做出关于整个语法规则习得次序的假设，是否犯了过度概括的错误？

第四，由于"可理解的语言输入"没有确切的定义，因此输入假设是难以检验的。此外，"说"作为语言输出是否可以看成学习者在学习第二语言（英语）过程中对语言提出的假设进行验证的一种做法呢？如果是这样，"说"对语言习得无作用吗？

不管怎样，克拉申提出的第二语言习得理论会促进人们对英语教学进行深入的探讨，促使人们建立更完善的新理论。

二、斯温纳的输出假设

对于克拉申提出的输入假设，斯温纳等学者提出了不同的看法，提出了输出假设。

（一）斯温纳的语言输出假设的内容

克拉申认为可理解的输入在第二语言习得中起着中心作用，而斯温纳则认为输出在第二语言习得中有着显著作用。斯温纳假设的依据是"浸泡式"教学实验。浸泡式教学主要原则是将第二语言作为其他学科的工具，而语言获得则是理解这些学科信息及内容的"伴随产品"。斯温纳在加拿大进行的浸泡实验表明：尽管她的学生通过几年浸泡，获得的语言输入不是有限的，但他们并没获得如本族语者那样的语言的产生能力。她认为，造成这样的原因不是学生获得的语言输入有限，而是他们的语言输出活动不足。她认为她的学生没有足够的机会在课堂环境中使用语言。此外，他们没有在语言输出活动中受到"推动"。斯温纳认为语言输出活动不是如克拉申所说的那样只是体现了习得，而是有着多方面的作用。

斯温纳认为语言输出有三个功能：第一，促进学习者注意语言形式。第二，学习者检验自己提出的假设。第三，提供学习者进行有意识的反思。

俗话说"熟能生巧"，语言输出活动，因为能提供更多让学习者练习使用语言的机会，能增强学生使用语言的流利性，所以看起来不会有较大的争议。

斯温纳要论证的是上述三个功能。斯温纳认为，当学习者进行"产生语言"的活动时，他们可能会碰到一些语言方面的问题，这些问题会使他们注意到某一个他们不懂或只懂得部分的语言项目。这样学习者就会注意到他们所需表达的意思和他们能用语言形式来表达该意思的差距。这种对语言形式的注意能帮助他们习得某一种语言形式，因为这种对语言形式的注意会激活他们的认知活动，而这种认知活动有助于学习者已有知识的巩固和新知识的学习。

有些学者指出，学习者在口语和书面语方面的一些错误揭示了学习者在学习中对语言使用策略的尝试，看看自己提出的某一假设是否成立。学习过程中学习者会经常性地提出某种假设并对假设进行检验。为了对假设进行检验，学习者要做一些事情，而做事的方法之一就是以口头或书面的形式使用语言。因此，语言输出活动是学习者为进行交际使用新语言形式和结构的尝试，他们可以通过语言输出察看他们提出的结构和形式是否行得通。从这个意义上来说，语言输出活动为学习者实践自己提出的假设、检验自己的假设提供了机会。如果没有语言输出活动，学习者就不能获得验证他们提出的假设的机会。

斯温纳还认为语言输出有促使学习者有意识地反思的功能。当输出有检验假设作用

时，我们认为输出本身就是假设。因此，语言输出就是学习者对如何使用语言形式去表达某一意义的猜测。这里我们没有提问过教学者，他们的假设是什么，但可以从他们的语言输出去推测他们的假设。在某种情况下，学习者不但揭示了自己的假设，而且用语言对假设进行了反思。

这种使用语言对语言进行的反思，能促进学习者控制和内化自己的语言。斯温纳在她的文章中还以自己做的实验来证实了这一看法。

（二）斯温纳的语言输出假设对英语教学的启示

斯温纳的语言输出假设对英语教学有一定的启示。由于语言输出活动能帮助学习者提高其使用语言的流利程度，使学习者意识到自己在使用语言时存在的问题，使学习者能有更多机会来验证自己提出的假设，以语言对假设进行反思，因此，从认知的角度来看，语言输出对第二语言习得都是必需的。在英语教学中恰当地安排语言输出活动能促进语言学习，有利于正确地掌握语言。因此，不论在教学上还是在教材编写方面，我们都要设计多种交际性的语言输出活动，以促进学生语言产生能力的培养。

在教材编写方面，很多教材已注意到了语言输出活动的设计和安排，例如，Senior English for China 中就编写出各种各样交际性的语言输出活动，如角色扮演、小组讨论、就某一话题发表意见等。New Senior English for China 不但继承了前者的优良传统，而且进行了创新。

由于意识到了语言输出活动对语言学习的重要性，不少教师都设计了较多的交际性的口头或书面的语言实践活动来进行教学，如复述、辩论、讨论等。应该指出的是，克拉申的语言输入假设和斯温纳的语言输出假设是从两个不同的侧面来讨论语言习得的观点，都有其合理性，因此，我们在英语教学中都应注意到。

第四节　错误分析及中介语

人们认识到对比分析不能预测学习者的全部错误，因此，有必要对学习者的错误进行系统的分析和研究，以确定其原因和学习者学习上的共同难点，为教学工作和教材编写提供信息和依据。从20世纪50年代后期开始，一些学者对学习者的错误进行了较为系统的分析，这就是人们所说的错误分析。

英国语言学家科德、理查兹等是对学习者学习第二语言的错误进行研究和分析影响较大的学者。他们于20世纪70年代对不同母语背景的学习者在学习英语过程中的错误做了较细致的分析和研究。他们发现，虽然有些错误来自母语的干扰或负迁移，但很多错误是因学习者在英语学习过程中对目的语的理解和消化不够全面造成的。他们认为第二语言学习过程是一个漫长的将目的语的规则内在化的过程，学生在这个过程中要经历不同的阶段。在学习过程中，他们会使用一种过渡性语言进行交际，这种过渡性语言虽有母语的一些特征和目标语的特征，但它既不是母语的翻译，又不是要掌握的目的语，它介于母语和目的语之间，可称为中介语。中介语有其系统性且是动态的，中介语随着学习者接收更多的第二语言输入，不断改变它们对第二语言的假设而发展。由于学生使用中介语，犯错误是不足为怪的。科德把错误总结为三类：

第一类称为形成系统前的语言错误。犯这种错误的原因是学习者有了某种交际意图，但又未能掌握表达这种意图的方式，因此只好从已知的语言素材中去搜罗一些手段以仓促应对。这种错误是随意性的，犯错后，学习者还不能说明他为何要选取某一形式。

第二类称为系统的语言错误。系统的语言错误出现在处于内化过程中的学习者。那时系统规则已基本形成，但学习者对它们的理解还不够完整。例如，学习者知道在英语中过去动作应用过去时来表示，并知道动词的过去时可由动词加"ed"构成，但由于他不知道英语有不少的不规则动词存在，所以在交际中，他会使用"goed""comed"等形式。

第三类称为形成系统后的语法错误。这种错误在学习者已经形成较完整的语法体系但尚未养成习惯时出现，虽然学习者知道了英语过去时的所有形式，但由于未养成习惯，不时还会用"goed"来代替"went"。

理查兹认为学习者所犯的错误出自三种原因：母语的干扰是第一种原因；学习过程中，对一些规则的过度概括、忽略规则的限制和应用规则不完全等是第二种原因；教学不当或教材使用不当是第三种原因。

很多语言学家都认为，针对不同的错误类型和错误发生的不同起因，教师应该采取不同的方式和方法去对待。对于上面所提到的第一类错误，由于它往往是超发展阶段的，故教师应采取宽容的态度，不必逐点指出，也不用多作解释，只要指出其说法不对并提供正确说法即可；对于第二类错误，教师应善于引导，不但应给予正确的说法，而且需加以解释，使学生对规则有完整的理解；至于第三类错误，教师可提醒学生注意，更重要的是多提供一些语境和机会，使学生能多使用语言，在运用中掌握语言。

第五节　第二语言学习模式

除了上述的学习理论外，应用语言学家、第二语言习得研究专家、心理语言学家还根据各自的研究创立了一些第二语言（英语）学习模式。

一、技能学习模式

英语使用是一种做事技能，同其他做事技能一样，语言做事技能既有其认知的一面，也有其行为的一面。认知方面是指得体行为计划的内在化。就语言使用而言，计划主要指语言系统，包括语法规则、选择词汇的程序和支配语言的社会惯例。行为方面是指计划的自动化。计划的自动化能产生流利的话语。要达到自动化的目的就要通过练习把计划转变成行为，通过产生语言的活动能实现计划的自动化。

学习一种技能可以把这个技能的各组成部分分开练习。若把英语作为一种技能来学习，可以练习某一语法结构，如定语从句、时态等；也可以练习使用某一种交际功能，如请求、建议等；还可以练习元、辅音，如区分"sheep"和"ship""food"和"foot"的元音等。这些练习可称作"技能组成部分的练习"。有时某一技能也可进行整体练习，这需要把技能组成部分组合在一起，整体练习，如辩论某一问题或写信给朋友时就是进行整体技能的练习。

语言的使用具有层次结构，最高层次是交际目的。要达到目的，要采用某种策略，使用某些语言结构，选用某些词汇，最后操控发音器官使用声音来表达意义。因此，使用语言需要完成一系列的任务，而这些任务又由低一级层次的任务组成，低一级的任务还可由更低一级的任务组成。以"劝说"某一朋友在某一时候去看电影为例，为达到"劝说"这一目的，我们要采用某种策略，策略由不同成分组成，如告诉朋友电影已上映；电影内容看该电影的理由、时间选择的合适性等。策略中的某些做法可能是预先构思好的，有些则是边说边想的。为了执行策略的各个部分，要决定话题，选好句法结构，挑选用词等。

按此技能学习模式进行英语教学，在课堂教学中可有语言结构性的活动、准交际性的活动、功能交际性活动和社会交际性活动等（参看交际法的教学活动和特点），大多数英语教学都采用该模式。

二、互动模式

语言互动中的调整，即意义协同能促进语言输入变得更容易理解，因此，更能促进第二语言习得或英语学习。会话互动的调整能使语言输入变得更容易理解，而可理解的输入能促进语言习得（参看克拉申的理论），所以会话中的语言调整能促进第二语言习得。这里语言调整或修饰不总是语言简化，语法、词汇等简化只是手段，它可以是扩展，放慢语速，使用手语或提供其他语境线索等手段。在会话中出现的理解核实、澄清请求、确认核实、自我重复或解释都是会话调整手段。

不少学者对此互动假设进行了研究，既有理论的探究，也有实证的探讨。经过学者们多年的努力，语言学习的交互研究逐渐发展成一个重要的研究方向，为探究第二语言习得做出了贡献。

第二语言会话的互动作用也可以用维果茨基提出的人类心智活动过程的社会文化理论来解释。维果茨基认为包括语言在内的所有认知方面的发展都源于个体之间的社会互动。

三、阅读过程模式

阅读是人们学习第二语言（英语）的途径之一，在学习过程中起着较大的作用。多年来，阅读过程的研究是心理语言学家和心理学家探讨的课题，他们根据自己的研究提出了不同的阅读过程理论。下面介绍的是阅读过程的四种模式，即自下而上模式、自上而下模式、相互作用模式和聆听信息处理模式。

（一）自下而上模式

在20世纪50年代以前，人们曾把阅读看成是一个解码的过程。作者用文字、符号，应用一定的语法规则把自己要表达的意思编成语码，阅读者必须把语码解译。解译的过程是这样的：阅读者从最少的单位——字母和单词（在底或下层）识别开始，逐步弄懂较大的语言单位——短语、分句、句子和语篇的意义（在顶或上层）。这就是阅读理解自下而上的模式。按照这个模式理解一个篇章依赖于对构成篇章的句子的理解，而对句子的理解也依赖于对组成句子的词、词组和语法规则的理解，而对词的理解又离不开对字母的识别。不言而喻，阅读理解的问题说到底就是语言方面的问题。

依照这个自下而上的模式去理解阅读过程，教师在教授阅读时，主要任务就是帮助学生解决语言上的障碍，即弄清词的意义、短语的意义和句子的意义。但是随着人们对阅读理解过程的研究的深入和理解的加深，人们发现，在阅读时，语言问题虽然解决了，但对文章的理解并不一定能够解决，对作者的意图并不一定都能理解清楚。这个模式低估了阅读者的能动作用，没有把阅读者看成信息的积极处理者。为解决自下而上模式能解决的问题，哥德曼在20世纪60年代提出了用心理学观点来看待阅读理解过程的模式：自上而下模式。

（二）自上而下模式

按照这个模式，阅读不但需要语言知识，而且需要有关客观世界的背景知识。阅读中碰到的问题有可能是语言问题，也有可能是阅读技巧问题，即怎样去使用客观世界的知识去理解问题。当然，教师在阅读教学中要培养学生在文章中寻找线索进行预测和对预测进行验证的能力。在自上而下的模式里，由于强调了高层次的技能，即用某些背景知识或文中的提示来对意义进行预测，对较低层次的能力如快速、准确地对词汇和语法结构识别的能力有所忽视。这些学者还认为，对词汇和语法结构识别的能力对英语学习者来说是很重要的。

（三）相互作用模式

相互作用模式是较为理想的阅读模式。相互作用模式认为，在阅读过程中，人们运用两种方式进行信息处理，一种是自下而上的方式，另一种是自上而下的方式。相互作用模式不同于自上而下的模式，因为它不把自上而下的信息处理技巧作为第一位的先决条件，即只用文章中部分的提示做出猜测来代替一字一句地解码。当然它也不同于自下而上的模式。相互作用模式认为，在阅读过程中，无论处在哪一个阶段、哪一个层次上，两种信息处理的方式总是同时进行的。自下而上的信息处理能保证读者发现新的信息、发现与自己假设不同的信息；自上而下的信息处理能帮助读者消除歧义并在可能的意义中做出选择。因此，阅读的过程是读者大脑已有的知识和文章的信息相互作用的过程。文章本身不包含固定的意义，文章只向读者提供怎样利用他们大脑已有的知识来重构文章的意义的方向。这种知识的不同有可能造成对文章理解的不同。人们大脑中已存在的知识称为背景知识，这种知识的结构又称为图式。所以，一个人大脑里的图式越多、越完善，在阅读理解时被调用的可能性就越大，就越有可能保证对文章意义的理解正确。

相互作用模式的建立对英语阅读的教学具有积极的意义。就阅读教学而言，其目的是

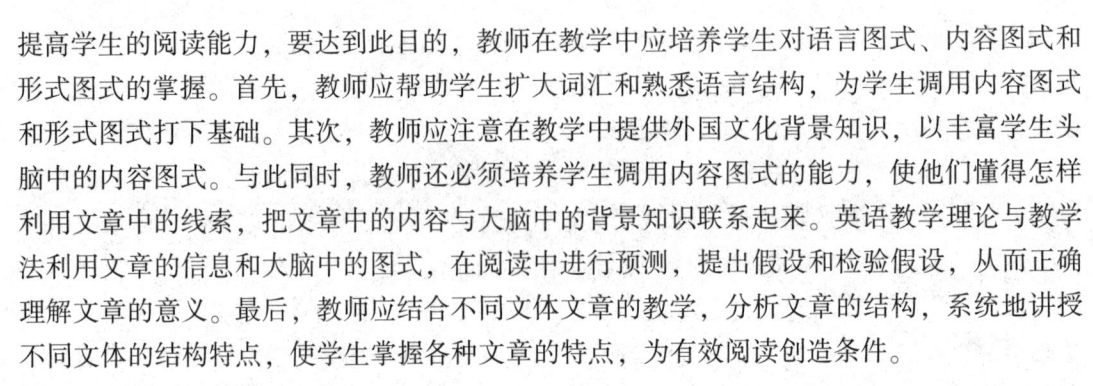

提高学生的阅读能力，要达到此目的，教师在教学中应培养学生对语言图式、内容图式和形式图式的掌握。首先，教师应帮助学生扩大词汇和熟悉语言结构，为学生调用内容图式和形式图式打下基础。其次，教师应注意在教学中提供外国文化背景知识，以丰富学生头脑中的内容图式。与此同时，教师还必须培养学生调用内容图式的能力，使他们懂得怎样利用文章中的线索，把文章中的内容与大脑中的背景知识联系起来。英语教学理论与教学法利用文章的信息和大脑中的图式，在阅读中进行预测，提出假设和检验假设，从而正确理解文章的意义。最后，教师应结合不同文体文章的教学，分析文章的结构，系统地讲授不同文体的结构特点，使学生掌握各种文章的特点，为有效阅读创造条件。

（四）聆听信息处理模式

第二语言（英语）聆听和阅读对信息处理有着相同的过程，即其理解都是自下而上和自上而下两种方式对信息处理相互作用的结果。但由于聆听接收到的信号是声音，它不同于阅读接触到的文字符号，因此，我们首先要把声音切分为音节和单词，然后才能把声音信号进行进一步的信息处理。从这个意义上来说，聆听和阅读在自下而上的信息处理过程中有不一样的地方。在弄清楚阅读过程信息处理的前提下，了解聆听过程中对信息的处理，我们特别要注意这两种接收语言输入的方式在信息处理上的不同之处，即与自下而上信息加工不同的地方。

自下而上的聆听过程为以下的四个步骤：

首先，查寻语言输入，辨别熟悉的单词；

其次，将语流切分为成分；

再次，使用音位线索辨别语句中的信息重点；

最后，使用语法线索将语言输入组织为成分。

这里的四个步骤向我们展示了自下而上的聆听过程的特点。聆听者必须能把语流切分为成分，懂得使用音位线索去判别信息中心，并能使用语法线索去组织语言输入使之意义明确。根据这些自下而上的聆听过程，我们更加明确了聆听与阅读过程中信息处理的差异。我们在阅读时接触到的是文字符号，每一个字都是清晰明确的，因为字间有空隔间开，阅读时还可以反复阅读直至意义明确，而聆听听到的是一串串的声音符号，且在听过一次后就要把意义弄懂。因此，在聆听过程自下而上的信息处理中，我们必须懂得在连贯话语中的各种语音现象并使用其来切分声音和解决歧义问题。这就需要我们掌握连读、弱化、同化、停顿、节奏、重音和语调等语音的特点。对初学者来说，我们应多提供一些具有上述语音现象的材料给他们练习，培养他们使用连贯话语中语音现象在聆听理解解码过程中的技巧。

聆听理解与阅读理解都是自下而上和自上而下对信息处理且相互作用的过程。与阅读理解一样，在聆听理解教学中我们要向学习者提供必要的背景知识，培养他们"激活"有关"图式"来理解的能力，这都是我们在教学中应注意的问题。

第三章 高职英语教学的基本理论及方法

第一节 高职英语教学的基本理论

一、英语学习的本质

（一）有意识与无意识

对于语言学习到底是有意识的还是无意识的问题，人们一直存在着不同的看法，也引起了广泛的争议。

相反，英语习得是一个有意识的加工过程，而非完全无意识的。在施米特等学者看来，意识可以有四种不同的含义：①意图，即学习者刻意要学习某些东西，或附带学习某样东西但其主要的关注点却放在其他目标上；②关注，即不管习得是有意图的还是附带的，学习必须涉及对形式的有意识的关注——"关注假设"；③知觉，即学习者知道他们在学习什么；④控制，即知识的实际运用涉及有意识的选择和组合过程。虽然施米特等人也承认流利的语言行为是无意识的，但是这种自发的语言行为离不开早期的有意识指导，是由有意识的指导所导致的结果。

从以上学者的观点，我们发现语言学习既有意识的参与，也有无意识的成分。语言学习涉及两种方式（正规学习和非正规学习）和两类知识（明确知识和默会知识）。正规学习一般是把语言知识，即语法规则或明确知识，一点点地传授给学习者。学习者需要对这些知识进行有意识的记忆和反复操练才能得以强化。如果学习者有一段时间没有复习或使用，他们就无法从长时记忆中提取这些知识。此外，学习者在交际过程中往往会对自己的语言输出进行监控，检查自己的输出句子是否符合明确知识所规定的语法，然后才进行语言输出。这就需要他们在短时记忆中进行两种加工：意义加工和语法加工。这种一心两用的学习方法往往会增加学习者的认知负担，影响信息交流，从而最终影响语言学习。再者，通过正规学习所学得的知识很难迁移到日常生活场景。当我们批评学生"语法条条框框学了不少，就是不会交际"时，指的就是这种情形。

在非正规学习中，学习者习得的是默会知识，这些知识是在自发性语言行为中出现的，离开行为本身就难以提取。它们镶嵌在情境中，需要学习者参与才能让隐含在人的行动模式和处理事件情感中的默会知识在与情境的互动中发挥作用，并使得默会知识的复杂性与有用性随着实践者经验的日益丰富而增加。一般来说，有了默会知识之后，语言输出就不再需要经过短时记忆进行有意识的加工，输出可以达到自动化的水平。这种知识一经掌握，就很难忘掉。

在现实的交际中，默会知识的运用远远多于明确知识。在一种语言中，一个普通的母语使用者所拥有的语言规则比任何一位语法学家所能指明的要完备得多，即使前者并未意识到已经拥有任何特殊技能。可以说，至今还没有一位语法学家能够成功地编写出一部完美的语法，也就是写出某种语言使用者说话和听话时所遵循的详尽无遗的语法规则。由此看来，默会知识在英语学习中就显得特别重要。但是，这并不等于说我们不需要明确知识，不需要正规学习，因为明确知识在一定的条件下也有向默会知识转化的可能。在英语教学的过程中不要忽视知识的默会性，应多为学生创造习得默会知识的机会。

（二）形式与意义

形式与意义也是英语教学中常常会引起争议的两个基本概念。之所以说它们是最基本的，是因为英语教学设计、教学方法、教学内容以及教学评价无一不受到它们的影响和制约。几十年来，形式与意义一直是语言习得研究中争论最多的话题，并形成两种派别。一派认为，学习英语的最佳途径是对语言形式的关注，只要把语言形式学到手，由语言形式所表达的意义便水到渠成。另一派则认为，意义的传递比形式更重要，只要达到交际目的，语言形式自然而然地也就学会了。强调语言形式一方力求把学习者的注意力吸引到语言的特征上，而强调意义的一方则把语言成分排除在教学之外。形式教学要求学习者关注语法规则和语言结构，而意义教学所关心的是学习者对信息的理解程度。就某个文本来说，如果教师要求学生分析文本所反映的语言规则，学生就会把注意力放在语言形式上。同样的文本，如果教师要求学生理解文本所传递的信息，他们就会把注意力放在意义上。在这两种情况中所使用的文本不变，只是学生的关注点发生了变化。

其实，大多数人只看到教育钟摆现象的两端，一端是语法翻译法、结构法，一端是自然法、交际法，而没有注意到形式与意义之间的相互联系、相互依存。我们都知道语言既是知识的载体，又是知识本身，当我们把语言当作一门知识来学习的时候，我们必定会关注它的形式；而当我们把语言当作一个传递信息的工具时，我们就会注意它的意义功能。就一般而言，除非我们想当语言学家，否则意义应该是首要的。

关注形式的重要性不及关注意义。也就是说，意义是首要的，只有规则出了问题时或者有人使用的规则跟我们的不一样时，关注点才会发生转变。

（三）部分与整体

英语教学必须关注的第三对概念是整体与部分教学，所谓部分教学，指的是把语言切分为最小的部分，分别教给学生。学生首先从最小的语言单位学起，然后再把这些部分相加或组合在一起，便掌握了语言。在语音教学，要求学生先学习音标，然后学习音节的拼读，再学习词汇的发音，最后才是句子的语音语调；在阅读方面，首先是对词汇的加工，然后才是短语加工，最后才是句子的理解；在写作方面，按照"词—句—段—文（章）"

的顺序教学；在听力学习上，先是语音听辨，然后是词的听辨、句子听辨，最后才是话语听辨。

所谓整体学习，指的是把语言作为一个密切相关的整体来学。这种学习的理论依据是，作为交际工具的语言，只有在交际中才能生成。如果离开了交际，语言只是一串没有意义的符号。而在交际的过程中，涉及语言使用的方方面面，甚至还包括非言语行为，如手势、表情和事物等，所有的这些对语言运用都有很大影响。如果用分立的方法来教授语言，就会使学生长期见树不见林，他们要等到把所有的语言项目学习完了之后，才能慢慢地学习交际。

然而，语言习得与学习的研究成果表明，只有当学生认识到语言整体时，他们才能认识语言的本质。我国英语教学之所以存在着不会交际的问题，原因之一是由部分教学所造成的。而整体教学强调，要让学习者从一开始就接触完整的语言，通过整体来感悟部分，了解部分之间的关系与差异，从而真正习得语言、学会交际。

二、英语学习的条件

（一）语言接触

语言学习者不接触语言是学不好语言的。但这并不是说只要接触语言，就一定能学会语言，因为接触语言只是语言学习的基本条件或前提条件。接触语言还涉及语言的质和量的问题。所谓接触的量是指接触的语言数量，它有多少之分。如果其他因素忽略不计，那么接触语言材料的量越多，语言学习的效果就越好。因为学习者只有在众多的语料中才能把握语言的普遍特征，才能把具体话语系统化、规则化，把输入变成吸入。此外，语言接触的质也是影响语言学习的重要因素。在语言输入量同等的情况下，输入哪些语料就成了语言学习的关键。语言接触的质与学习者的水平密切相关，如果输入的语料远远超出了学习者现有的水平，就算输入量再大，学习者还是很难学好语言的。反之，如果输入的语料太容易，学习者不需要任何努力就能做到，这也是不利于学习者的语言发展的。作为教师，我们必须把握好语言输入与学习者现有水平之间的距离。只有这样，学习者的语言水平才会不断提高，才能最终学会语言。

在现实的对话中，学习者通过某些交际策略去调整输入的质以符合他们的现有水平。当听者感到困惑时，他的面部表情往往会使说话者变换表达方式。由于学生知道话题的内容和交际的目的，他们也可以对意义进行预测，对话语进行调整。这种经过修正的语言接触使语言输入变得可以理解、有意义，因此语言习得的行为便发生。如果学生在收听电台节目时能选择熟悉的话题，而且能够猜测可能表达的意义以及话语结构，那么他们就更有机会捕捉到自己能够理解的内容，并且从中受益。因为他们是通过细心筛选来修正输入，达到理解的目的。

在教学中，教师通常也会根据学习者的理解程度修正自己的话语，从而建立一种有利于学生语言发展的最近发展区。通常，这种修正是无意识的，而且只要不过分，对学习者是有好处的。但是，如果教师有意讲得很慢或很清楚的话，就会影响学生语言的正常接

触,因为这干扰了正常的语调格式,使学习者不能适应自然的话语。也有许多教师尽量把语言表述简化,把一些复杂的结构变成简单的结构,或让学生阅读一些简写本,这也是不利于学生的语言习得的。这样的简化不但剥夺了他们经常接触地道的非本族语形式的机会,而且理解任务也不会由此而变得容易。

此外,我们所说的质并不仅仅是指接触标准的发音(如有些教师经常让学生接触 BBC 播音员的声音,要求他们模仿其语音语调),而是指各式各样的语言使用类型,不但要有正式的独白,而且要有非正式的聊天和不同类型的写作。换言之,学习者只接触有限的简写文本或具体的书写文本、句子层面的例子和照本宣科的对话是远远不够的。

(二) 语言使用

正如输入一样,输出也被普遍认为是语言发展的关键。学生只有在不断地使用语言、生成话语的过程中,才会把更多的注意力放在听和读方面,放在分析加工语言输入、关注语言特征方面。也就是说,学生是通过输出来促进吸入,通过生成来习得语言。如果教师在教学过程中只关注输入(语言接触),而没有考虑输出(语言使用),那么他的教学行为必定是填鸭式的,这不利于语言学习。因为语言学习是一种双向交流的活动,既涉及语言习得,也涉及话语生成;既要表达思想、传递信息,又要了解他人的思想,获取信息。学生只有在用语言做事的过程中才能真正学会语言、用好语言。

当然,语言使用涉及两种加工过程:有意识与无意识的加工。按照加涅的学习与记忆的信息加工模型,所谓有意识的语言加工是指学习者在语言输出时把长时记忆里的语言知识调到工作记忆中进行加工,然后这些经过加工的语言知识经过反应发生器输出。这是一个有意识参与的加工过程。通俗地说,所谓有意识的语言加工,就是指学习者在用语言来表达意义时,往往不是直接说出来,而是先在大脑中思考一下语言的组织形式,看看是否符合语法,然后才向外输出。另一种是无意识的语言加工,即学习者在用语言来表达意义时不需要经过工作记忆的加工,长时记忆中的语言知识直接从反应发生器输出。这是一个无意识参与的加工过程。也就是说,学习者在输出信息时无须动脑子来思考语言知识的组织,而是脱口而出。我们的学生在用目标语来表达意义时,常常涉及对语言知识的有意识加工,而在用本族语来表达意义时则无需对语言进行有意识的加工,完全是一种自动化的过程。语言学习的目的就是要使语言输出自动化,这是一个从有意识到无意识的加工过程。

在我国英语教学中,相对于输入来说,学习者输出语言的机会可谓少之又少。在课堂上,学生大部分时间都是在听别人说话,尤其是听教师讲授,很多学生一节课也没能说上几句,尤其是后进生,根本就没有说话的机会。课后,除了复习课文和做练习之外,学习者很难找到输出语言的其他渠道。因此,如何为学习者创造更多的语言使用机会,就成了我们急需解决的问题。

(三) 学习动机

所谓语言学习动机,是指直接推动学生进行语言学习的一种内部动力,是激励和指引学生进行学习的一种需要。克拉申认为影响语言输入或学习的是情感过滤，即为了习得英语，学习者必须在情感上对英语开放。所谓情感，就是指动机、态度等因素。换言之，语言学习受这些因素的制约。

动机是语言学习的基本条件，教师在从事语言教学的过程中要时刻关注学生的学习动机，并借助各种手段来激发和维持学生的语言学习动机。

（四）语言教学

虽然教学不是语言学习的基本条件，但教学能够加快学生的语言发展，这是毋庸置疑的，但教学似乎无法改变学生语言发展的顺序。换言之，在教学过程中，学生不一定能学会教师所教的内容，也不能改变自然话语中语言特征的出现顺序。正如建构主义所认为的那样，好的学习不是来自为教师找到好的教学方法，而是来自给学生更好的机会去建构。

既然语言学习的基本条件是语言接触、语言使用和学习动机，那么，教师的作用主要体现在如何处理这三者的关系上。在语言接触方面，教师要把好"质量关"，正确处理输入的质与量的关系。在语言使用方面，教师要尽量为学生创造用语言来做事的机会，让学生通过有意义的交流与协商习得语言。在语言学习动机方面，教师尤其要重视对学生的内部学习动机的培养，并以此来推动学生学习。

无意识学习、意义学习和整体学习是当今英语教学的主流，但是我们也不能否定有意识学习、形式学习和部分学习的作用。我们必须以相互联系的观点、动态的观点来分析问题。

我们应该更多地看到两种概念之间的联系，而不是它们的对立面，否则我们的英语教学永远也无法摆脱二元对立的怪圈。其实，完全无意识的、有意义的和整体的学习是十分少见的。因为语言学习不是一次完成的事情，它涉及学习者不断地对语言的某些特征的关注，形成新的假设，然后检验和修正原有的假设，最终学会英语。这种修正必然涉及意识的参与，必然涉及对个别形式的关注。不可否认，母语的习得是以无意识为主，但是我们也不能否认这样的事实，即我们也有不知道如何用语言来表达思想的时候。

三、英语学习理论的新发展

（一）认知心理学的新取向

信息加工理论和联结主义信息加工理论是在20世纪70年代之后人们运用现代信息论的观点和方法，通过大量计算机模拟研究而建立的学习理论，其主要代表有美国教育心理学家加涅、美国心理学家西蒙等。信息加工理论的一个基本假设是：行为是由有机体内部的信息流程决定的，学习过程是对信息的接受和使用，学习是主体与环境相互作用的结果。学习是学习者神经系统中发生的各种过程的复合。学习不是刺激反应间的一种简单联结，因为刺激是由人的中枢神经系统以一些完全不同的方式来加工的，了解学习也就在于指出这些不同的加工过程是如何起作用的。学习者不断接收到各种刺激，被组织进各种不同形式的神经活动中，其中有些被储存在记忆中，在做出各种反应时，这些记忆中的内容也可以直接转换成外显的行为。信息加工学习论关注的是学生如何以认知模式选择和处理信息并做出适当的反应，偏重信息的选择、记忆和操作，重视个人的认知过程。

（二）人本主义学习论

人本主义心理学一方面反对行为主义把人看作动物或机器，不重视人类本身的特征；另一方面也批评认知心理学虽然重视人类的认知结构，但忽视了人类情感、价值、态度等方面对学习的影响。它认为心理学应该探讨"完整的人"，强调人的价值，强调人有发展的潜能，而且有发挥潜能的内在倾向，即自我实现的倾向。这掀起了心理学领域的深刻革命，代表着未来心理学发展的新走向。人本主义学习论的代表人物罗杰斯对学习问题进行了专门的论述。罗杰斯认为学习是个人潜能的充分发展，是人格的发展，是自我的发展。罗杰斯还认为学习是一个有意义的心理过程，因为具有不同经验的人在感知同一事物时，他的反应是不同的，因此，学习者了解学习的意义是非常重要的，也可以说，学习的实质在于意义学习。罗杰斯学习理论的特点在于他试图把认知与情感合二为一，以便培养出完整的人。他使人们重新认识到情感在教育中的重要性。

（三）建构主义学习论

建构主义学习理论是20世纪80年代末90年代初兴起的一种新的学习观，是继认知主义之后学习理论的又一场重要变革。所有这些研究都使建构主义理论得到进一步的丰富和完善，为实际应用于教学过程创造了条件。

学习是获取知识的过程。建构主义的提倡者认为，知识不是通过教师传授得到，而是学习者在一定的情境，即社会文化背景下，借助其他人（包括教师和学习伙伴）的帮助，利用必要的学习资料，通过意义建构的方式而获得。由于学习是在一定的情境，即社会文化背景下，借助其他人的帮助即通过人际间的协作活动而实现的意义建构过程，因此建构主义学习理论认为"情境""协作""会话"和"意义建构"是学习环境中的四大要素或四大属性。

建构主义提倡在教师指导下、以学习者为中心的学习，也就是说，既强调学习者的认知主体作用，又不忽视教师的指导作用，教师是意义建构的帮助者、促进者，而不是知识的传授者与灌输者。学生是信息加工的主体，是意义的主动建构者，而不是外部刺激的被动接受者和被灌输的对象。建构主义最大的贡献在于强调了人的发展的一个最主要的方面——认识主体的能动作用。这对我们全面地认识学习的性质和学习的过程有着重要启示。

（四）联结主义理论

心理语言学是与语言学、心理学、计算语言学、神经科学等学科相互交叉的边缘学科，其研究对象是人类语言的理解、产生和习得。语言习得是认知科学和心理语言学的一个重要的、也是争议甚多的课题。从20世纪50年代末至今，乔姆斯基的"内在论"或称"天生论"一直在语言学中占主导地位。该理论认为语言知识从根本上是一种心理机制，其根本是形式语法系统。这种认识是基于认知科学家的一个基本假设：人脑是处理符号系统的机器。将人类大脑看作符号系统的观点起源于心理学的模块理论。在模块论的影响下，心理语言学家们的研究重点是对形式语法系统的规则的检验和改进。但是随着认知科学的迅猛发展和联结主义的重新崛起，近几十年来模块理论受到强烈的挑战。对其挑战的主要理论当属联结主义。联结主义开始注意验证心理语言学的数据。联结主义模型与心理语言学实验结果的结合导致了联结主义心理语言学的诞生。

四、高职英语教学途径

（一）心理途径

我国英语教学的心理途径是"从不自觉到自觉"，它与西方"由自觉到不自觉"的观点正好相反。因为着眼于英语学习的结果，"由自觉到不自觉"表示学生运用目的语，先是有理有据地运用，即须依靠知识论证应该怎样用，这个过程必然是自觉的。掌握之后，便能随心所欲地运用，运用时用不着找根据、求论据，能够脱口而出，择笔而写，所以是自觉的。中国人则着眼于学习语言的过程，先是机械的、单义的、模糊的、相近的、缓慢的，学生要能够模仿实践，然后逐步向灵活、多义、清晰、准确、流利发展。就今天的英语教学来说，就是教授新东西，不要讲得太深。用今天的术语说，学到一定火候，内化的认知图示对新东西进行了内化或同化，就能构成新的图示，或取得顿悟。我们从不自觉到自觉的英语教学途径还可以从西方的一些教学流派中求得佐证。例如，直接法主张用归纳法教语法，即学生在归纳之前是不自觉，归纳后才自觉。听说法主张的五段教学法，尤其是代换—替换—转换—扩展—迁移，更是从不自觉（机械）到自觉（选择）。交际教学法的变体虽多，但基本上是先学功能，再求结构。

（二）行为途径

从方法论角度分析，与前述心理途径相适应的我国英语教学的行为和操作途径之渊源，在于辩证方法、以大统小和百家争鸣，其具体结构为演绎式循环与阅读中心辐射。

1. 演绎式循环

我国英语教学有着演绎式的传统，当代语言教学法提倡归纳式，而我们的教师仍觉得演绎式用来顺手。因为中华文化是一种由上而下的、以大统小的文化，代代相传，我们的思维方式有着演绎的自然倾向，我们的教学也存在宣讲式的传播特点。但是我们国家民族众多，多样的文化构成了中国文化的组成成分，所以我国的学术活动一直遵循"百家争鸣，兼收并蓄"的方法论原则，在追求相同目的的同时允许"各持己见"。这种传统使得我们的语言教学操作的演绎式不是上升的，而是循环的。因为直线式的演绎只能一演（宣讲）到底，这样许多问题不能辩证地处理。反之，循环式演绎就可在不同的循环中从不同角度变换学习的内容、方法和侧重点，以优化自己的教学活动。所以循环是百家之长必不可少的。

2. 阅读中心辐射

一直以来，我国的英语教学在训练目标和训练方法上一直以来都以读为中心，由读而逐渐开展其他言语技能和语言运用能力的训练。因此我国英语教学都特别重视课文的选择，把学习课文看作教学之本。而学习课本的活动主要是读。课堂教学是读，课外自主学习也是读。语音教学、写作能力、说话讲演能力源于读，故古人概括说"读书百遍，其意自见"，表明读是学习的有效途径。

第二节 高职英语教学的教学方法

一、语法—翻译法

语法—翻译法是英语教学的一种方法，以翻译和语法学习为主要的教学活动。语法—翻译法为欧洲教授拉丁语和希腊语的传统方法。这种方法从19世纪开始用于教授现代语言，如法语、德语和英语，至今还在许多国家应用。

(一) 语言和语言学习的观点

语法—翻译法把目标语（英语）看成一个规则系统，这一规则系统能在文本和句子中了解到，并与母语规则和意义有联系。语言学习被视为智力活动，这种智力活动涉及规则学习、规则记忆和以大量翻译方式与母语意义相联系的操作。

(二) 教师的教学目的

按照使用语法—翻译法的教师的理解，学习英语的目的是通过学习来培养其阅读文学作品的能力。为达到此目的，学生必须掌握英语的词汇和语法规则以便能运用其进行翻译。这些教师还相信，在学习英语的过程中通过背诵语法规则、背诵词汇、应用语法规则做翻译练习等，学生们可以得到很多逻辑、思维的练习，从而使智慧得以提升。

(三) 主要的教学活动和特点

语法—翻译法主要的课堂教学活动包括：对整篇课文大意的译述，把课文逐句译成母语的活动，对课文中语法规则做演绎式的讲解以及直接阅读课文以加深对课文的理解等活动。

假若我们在一个以语法—翻译法为教学方法的课堂听课，教师正在教授"最后一课"（"The Last Lesson"），课堂的活动很可能会做如下设计：

首先，教师会用母语把文章的作者和写作背景做一个简单介绍，接着教师会对文章大意进行译述，以使学生对文章的整体有一个初步的理解。

其次，对课文进行逐句翻译。一般来说，在翻译之前，教师会带领学生读单词表里的单词以使学生知道单词的发音和意义。在逐句翻译的时候，教师会先朗读句子，然后用母语解释词的意义、短语的意义和句子的意义。碰到语法方面（包括词法、句法及惯用法）的问题，教师会较详细地解释语法现象、规则和用法，并举例加以说明。逐句翻译和语法讲解是语法—翻译法课堂教学的中心活动，它占去课堂活动的大部分时间。

在讲解清楚语法和翻译了课文的基础上，教师还会让学生直接阅读课文并做一些阅读理解的练习以加深对课文整体的理解。阅读理解的练习多半是以多项选择的形式出现。

（四）强调某方面能力的培养

语法—翻译法重视词汇和语法的学习，强调阅读和写作两个方面能力的培养，而听、说能力没有得到应有的重视。

（五）教学材料的设计

在语法—翻译法的教材中，不少课文选自英语的文学原著或文学原著的简写本或改写本，课文会按照语法现象和项目的出现顺序来安排，很多教材采用线性排列的组织方法。课文后一般编有语法项目的解释、练习，并有英语和母语对照的词汇表，词汇按阅读课文的需要来选择，通常选择生词或旧词新义。

（六）教师和学生的作用

在该教学法里，教师是课堂教学的权威、知识的传授者和课堂教学的组织者。学生在教学中接受教师的教导并按教师的指示去做。

（七）母语的作用

母语在语法—翻译法中是教学语言，教师用母语翻译英文，进行语法讲解，并用母语回答学生的提问。英语的意思是靠译成母语来理解的。

（八）对待学生错误的态度

由于使用语法—翻译法的教师重视语言准确性的培养，他们期待学生能在翻译方面达到较高的水平，因此，他们对学生的错误会及时纠正并为学生提供练习的正确答案。

二、直接法

直接法是英语教学的一种方法，具有以下特点：

第一，只使用目标语进行教学。

第二，意义通过语言、动作、物体等手段结合情景来表达。

第三，先教说，然后教读、写。

第四，用归纳法讲授语法。

直接法在19世纪末是作为对语法—翻译法的批判而创立的。

（一）语言和语言学习的观点

主张直接法的学者认为口语而非书面语是第一性的，所以学生应学习日常使用的目标语。英语学习和母语学习相似，语言学习过程可用联想心理学解释。因此，可以将英语教学与教室、家庭、街道等不同环境中的实物、人物等联系起来。

（二）教师的教学目的

使用直接法的教师旨在培养学生使用英语进行交际的能力。虽然听、说、读、写四种技能都要培养，但在入门阶段，重点放在对学生口语能力的培养方面。为了更好地达到培养学生运用英语进行交际的目的,学生应学会用英语进行思维,只有这样,才能摆脱母语的干扰,无障碍地用英语表达自己的思想。

（三）主要的教学活动和特点

直接法得名主要是由于它主张在英语教学中将英语词语同它所代表的事物和意义直接联系起来。这种联系是直接的,它不需要以翻译为中介。直接法的主要目的是培养学生运用英语进行交际的能力,而在初级阶段主要是口头交际的能力。因此,在直接法的课堂里,教学活动有如下三个特点:全英语的教学。教师使用英语进行教学,并广泛使用实物、图画、手势、表情等直观手段对英语的词义和句子等进行解释,以使意义表现得更清楚;模仿、朗读和问答是主要的教学活动形式。这些活动有利于帮助学生更好地掌握正确的语音、语调和培养学生的口头表达能力。由于直接法主张听、说、读、写同时进行,在突出听、说技能训练的同时,读、写也要从一开始就抓起;教师要求学生在提问或对教师的问题作答时,均以完整的句子说出问句或答句,因为句子被视为口头交际的基本单位。

（四）强调某一方面能力的培养

在直接法的课堂里,虽然听、说、读、写的训练一开始就已出现,但是口语被视为基础,特别是在入门阶段,教师的工作重点是培养学生口头交际的能力。阅读和书写的练习都是根据口头练习的材料来设计的。由于对口头表达能力的偏重,教师从一开始就十分重视训练学生良好的发音和扩大学生的词汇量。相比之下,对语法规则的学习和讲解往往会忽略。

（五）教学材料的设计

主张直接法的学者在编写教材时,很注意使用"活语言"做基本材料,在教材中安排讲授日常用语,以使学生能学用结合,学以致用。有些学者认为,按直接法的教学大纲编写教材是以情景（如:教授"购物""在银行里"等情景中使用的语言）或某一话题为基础的（如:教授谈论"天气""地理"等话题的语言）。

（六）教师和学生的作用

虽然在直接法的课堂里教师主持所有的教学活动,但学生要比在语法—翻译法中主动得多。教师和学生有着一种搭档（或伙伴）的关系,学生可以向教师提问和回答教师的问题,教师可以向学生提问和回答学生的问题。此外,学生也可以与学生之间进行对话并讨论问题。

（七）母语的作用

由于直接法强调语言形式同客观表象之间的直接性,认为在英语形式和客观表象之间不应加入相应的母语形式,否则,母语将会成为学习英语的障碍,干扰英语的学习。因此,直接法主张全英语式教学,认为不应该在英语课堂中使用母语。

（八）对待学生错误的态度

从教学法简史中我们知道,直接法是在学者们对孩子学习母语、运用母语进行观察研究的基础上建立起来的。而孩子在学习母语的过程中，犯错误是不可避免的，父母不会过多指责孩子的错误，相反他们会以不同的形式，讲出正确的语言，好让孩子自己去纠正错误。使用直接法的教师对学生的错误也如父母对待孩子学母语时的错误一样，采用各种不同的方法让学生自己纠正错误。例如，当一个学生提问"What is the ocean in the West Coast?"时，教师可以说"You say what is the ocean on the West Coast?"耐心地以谆谆教导的方式让学生自己意识到自己的错误，最后达到自我改正的目的。

三、情景法

情景法又称口语情景法，是20世纪30年代至60年代期间由英国应用语言学家创立的英语教学法。情景法的影响较大，现在许多学校仍在使用按它的原则编写出来的教科书、工具书和字典。虽然情景法和听说法具有共同的理论基础，但是，情景法也有不同于听说法的特点，即强调语言在情景中的应用。

（一）语言和语言学习的观点

情景法的语言观是英国的结构主义，认为口语是语言的基础，结构是讲话能力的核心，应在情景中通过口头练习来学习语言结构。学习语言有三个过程，即接受语言输入，通过重复操练熟记语言并在实际使用中使之变为个人技能。很明显，行为主义的语言学习观是习惯形成理论。

（二）教师的教学目的

使用情景法的教师希望通过英语教学培养学生四种基本的语言技巧，即听、说、读、写的技巧。他们认为这些技巧是通过对语言结构的掌握获得的，而语言结构又是通过口语训练来掌握的。

（三）主要的教学活动和特点

教师首先根据课本中提供的图画（情景）向学生说明将要学习的内容，接着是听力训练：听对话或课文的朗读（或录音）。由于教师要求学生合书而听，在这一阶段，学生只接触到声音符号和图画提供的信息，没有与文字符号打交道。然后，教师开始对课文或对话进行讲解，并要求学生明白新的词汇和语法结构。教师用英语解释，但碰到特别困难的词汇和结构时，也可用母语讲解。在学生理解课文内容的基础上，教师指导学生对课文的重点结构进行操练。操练时，教师向学生提供一定的语言线索或情景，控制操练的内容，学生则按要求口头操练不同的语言结构。

在听、说练习的基础上，教师会安排笔头练习，让学生把学到的语言结构加以巩固。

（四）强调某一方面能力的培养

虽然情景法的目标是培养学生听、说、读、写的能力，但是它强调的仍然是听、说方面的能力。在主张情景法的学者看来，口语是第一性的，是书面语的基础，是在教学中应强调的方面。

（五）教学材料的设计

情景法的教材在编写方面有如下两个明显的特点：按照语言项目的出现频率，选择词汇和语法项目，常用的先安排，先教授；按照从简单到复杂的原则安排和组织教学内容。

（六）教师和学生的作用

在情景法的教学中，教师不仅是语言楷模，而且是课堂活动的设计者和指挥官。作为语言楷模，教师以正确的英语去设计学习的情景，教师的语言是学生模仿的标准；作为课堂活动的指挥官，对所有的课堂活动进行组织和控制；作为活动的设计者，在教学中需要认真观察学生的错误，然后考虑在下一堂课中应如何设计教学以便帮助学生改正错误。

在学习的初级阶段，学生是模仿者，模仿教师的语言，按教师的指令去做。随着学生水平的不断提高，教师会鼓励他们多提问和多做一些控制性较少的活动，如对话等。

（七）母语的作用

在情景法的课堂中，英语是教学语言，教师应用英语组织教学、解释语言项目和布置家庭作业。但在解释语言词汇或结构时，如碰到一些难以解释清楚的项目，教师也可以使用母语讲解一下，但教师不鼓励学生使用母语进行翻译。

（八）对待学生错误的态度

主张情景法的学者认为，语音和语法方面的准确性是十分重要的。因此，在学习过程中应想方设法避免学生出现错误，一旦出现错误，教师应及时予以纠正，以使学生养成良好的语言习惯。

四、听说法

听说法是在第二次世界大战期间由美国语言学家建立起来的英语教学方法。它和直接法共同的地方是强调口语的第一性，强调口头能力的培养。但它也有自己的独特性，它认为语言是不同的，母语是英语学习的主要干扰，可以使用 CA 对比分析母语和英语各个层面的异同，预测学习英语时碰到的困难。"听说领先，读写跟上"，这可以说是对听说法特点的一种表述。

（一）语言和语言学习的观点

听说法把语言看作一个系统，这个系统由在结构上相互联系用以表意的成分组成，这些成分是音素、词素、单词、结构和句型。因此，听说法在语言学理论方面是以结构主义作为其理论基础的。

在语言学习理论方面，听说法是以行为主义的学习理论作为依据的。按照行为主义言语行为的学习模式，语言技能的获得必须通过刺激—反应—强化这一过程。学生会对教师的语言（刺激）做出反应；教师应尽量强化正确的反应，使它们重复出现。由于语言学习被视为习惯的培养，教师会要求学生重复某些语言结构以加快习惯的养成。因此，句型操练在听说法中被视为一种有效的方法。

（二）教师的教学目的

使用听说法的教师希望通过教学培养学生使用英语进行交际的能力。他们认为语言是一套习惯，学习英语就要养成一套新的习惯。而要这样做，就需要超量地学习语言，通过大量的模仿、记忆和操练，熟练掌握各种语言结构（包括语音、语法、词汇的结构），在运用各种语言结构进行交际时能达到不假思索脱口而出的程度（或称为自动化的程度）。为能自动化地使用英语，学生们必须克服母语的旧习惯对英语新习惯的干扰。

（三）主要的教学活动和特点

由于听说法重视口语教学，教材中每篇文章均由对话开始。因此教授对话是听说法课堂的主要活动。听说法课堂的教学活动和特点可以总结为：教授对话，听说领先；跟读模仿，句句复述；强化操练，掌握句型；巩固口头，读写跟上。

为把对话教得生动活泼，教师可以通过不同的方式进行表演。例如，在一个听说法的课堂中，教师正在教授真空吸尘器推销员和顾客之间的对话。为了表演得生动逼真，男教师一会儿把一个蝴蝶结放在头上表演女顾客，一会儿又把蝴蝶结放在脖子前面表演男推销员。

一般说来，教师会分两次对对话进行表演，以使学生听懂对话的内容，然后教师会要求学生一句一句地模仿跟读。如果遇到比较长的句子，教师会用逆向组句法来训练学生对难句的掌握。例如，教师发现学生在跟读"I'm going to the post office."碰到困难时，他会用如下方式教授此句：

Teacher：Repeat after me：post office.

Class：Post office.

Teacher：To the post office.

Class：To the post office.

Teacher：Going to the post office.

Class：Going to the post office.

Teacher：I'm going to the post office.

Class：I'm going to the post office.

这样一来，一步跟着一步，学生便能掌握一些较长或较难的句子。

多次的模仿和跟读后，教师、学生之间会进行对话表演。表演的形式可以是多样的，既可以由教师扮演对话一方，全体学生扮演对话的另一方，也可以由一半学生扮演对话的一方，另一半学生扮演对话的另一方。无论跟读或对话，其目的都是为了使学生能背诵对话。

接着教师会抽出对话中的一些句型进行句型操练。句型操练可以说是听说法一个很有特色的训练项目。它可以是替换词型，也可以是句型转换型。作替换词型的操练时，教师可以先提供一个句子："I'm going to the post office."然后，利用多媒体向学生展示一间银行的图画，接着说"I'm going to the bank."接着他可以向学生展示不同的图画：药店、公园、餐馆……训练学生说出"I'm going to the drugstore/park/restaurant…"至于句型转换型的操练则更加灵活了，教师可以说出肯定句，训练学生说出否定句或疑问句。教师还可以说出两个句子，训练学生把它们合成一个复合句（定语从句、状语从句等）。教师也可以说出一个句子和提供一个情景，训练学生说出一个某种句型的句子（如倒装句、虚拟语气的句子、感叹句等）。句型操练是训练学生掌握各种句型、句子结构的一种行之有效的训练方式。只要我们运用得当，它会是一种效果很好的训练项目。

不管是模仿跟读还是句型操练阶段，教师对读得好、做得对的学生都会予以鼓励，教师会说"good"或"very good"，以此提高学生的学习积极性，促进学生良好习惯的养成。

一般来说，听说训练完成后，教师可以布置阅读和书写的练习，以提高听、说的效果。也就是在听、说训练完成后，教师才会让学生拿到或看到所学对话的书面形式，这大概也就是很多人把听说法的具体操作总结成"听说领先，读写跟上"的原因。

（四）强调某一方面能力的培养

创立听说法的学者认为口语是第一性的，文字是第二性的；良好的听说训练，有利于读写能力的培养。因此，听说法强调听、说能力的培养，课堂大部分的时间都花在听和说的训练方面。教师很注意学生的发音和语调，不少教师还使用语言实验室加强听的训练，特别训练学生区分不同音位的词对和句子，例如：

We are going to live here.
We are going to leave here.
She's got a pen in her hand.
She's got a pan in her hand.
They came at last.
Day came at last.

他们还会使用语言实验室训练学生掌握正确的语音和语调。

（五）教学材料的设计

听说法教材的编写有两个较明显的特点：一是按结构大纲来编写；二是考虑学习者的母语和文化背景，根据不同母语背景的学生的特点来编写。

在结构大纲里，对语言不同的层面（语音、语法、词汇）都有较详细的描述。各种结构都按由简单到复杂的顺序排列好以供编写教材使用。因此，在听说法的教材里，我们可以看到有语音的训练项目（发好某一个音的要领、发音的示意图等）、语法结构的训练项目和词汇的训练项目。但最中心、最重要的项目应该是句型的训练，这是因为支持听说法的学者认为，语言首先是言语，而言语应通过结构去学习。

由于美国结构主义语言学家认为语言是一套习惯，而语言又各有所异，因此，在学习英语时必须要克服母语习惯的影响而养成英语的新习惯。要找出母语对英语学习的负面影响，使用对比分析方法比较两种语言（母语和英语）各个系统（语音、语法和词汇系统）的异同，从而找出某一母语的学生在学习英语时会碰到的问题。因此在编写教材时，编者会做两种语言不同系统的比较，比较母语和英语在各个层面的异同，并按照学习者不同的情况、不同的母语等编写出不同的教材。

（六）教师和学生的作用

在听说法的教学中，教师不仅是学习英语的楷模，还是课堂活动的指挥官。学生是模仿者，他们时时都在模仿教师的语音、语调，会尽自己的努力争取模仿得更像。课堂上的活动，不管是对话教学还是句型操练都是在教师的指挥下进行的。教师控制操练的速度，熟练掌握操练的程度，不仅可以鼓励学得好的学生，还可以对学生所犯的错误进行纠正。从这个意义上来说，听说法是一种教师起支配作用的方法。

（七）母语的作用

在听说法中，母语的习惯被视为学生学习英语过程中养成英语新习惯的干扰，因此母语不在听说法课堂中使用，英语是教学的主要语言。为了找出学生学习英语的难点，可以将母语和英语两个系统进行对比分析。根据对比分析结果，母语和英语的不同点将构成学习上的难点。

（八）对待学生错误的态度

听说法认为学习英语是掌握一种新的语言习惯，而习惯的形成主要靠正确的模仿和大量的操练。因此，从学习英语的第一天开始，教师就严格要求学生，要求学生做到理解正确，模仿准确，表达无误。教师对学生的错误会及时纠正，使学生养成正确的英语习惯。

五、认知法

认知法是英语教学的一种方法，所依据的观点是，语言学习是主动的心理活动而不单是形成习惯的过程。它强调的是学习者在运用和学习语言特别是学习语法过程中的积极作用。

（一）语言和语言学习的观点

乔姆斯基提出的转换生成语法和心理语言学可视为认知法的语言和语言学习理论。乔姆斯基认为：语言不是一套习惯的结构，而是一套受规则支配的体系；人类学习语言不是单纯的机械模仿，而是受规则支配的创造性过程。在学习理论方面，认知理论的四个原则为：活的语言是受规则支配的创造性活动；语法规则有其心理的现实性；人类有独特的学习语言机制；活的语言是思维工具。按照这些原则，语言教学应视为一个有意识学习的系统，新语言应在实际中呈现和实践，学习语言应在有意义的实践中进行。

（二）教师的教学目的

认知法的教学目的是培养学生实际、全面地运用英语的能力，它探讨怎样才能使成年人掌握英语，以达到使用英语的目的。

（三）主要的教学活动和特点

认知法把英语教学过程分为三个阶段，即语言理解、语言能力和语言运用。在语言理解阶段，学生要理解教师讲授或提供的英语材料，明白语言规则并懂得它们的构成和用法。按照认知法的理论，语言规则的讲授可采用发现法。教师可提供易于使学生发现规则的语言材料，从已知到未知，引导学生发现和总结语法规则。例如，讲到过去时的时候，教师可让学生复习现在时的句子：

He often plays basketball in the evening.

He often stays in the China Hotel.

He often stops to have a rest at noon.

然后说出或写出下面含有过去时的句子：

He played basketball yesterday afternoon.

He stayed in the Garden Hotel last week.

He stopped to have a rest at 2：00 yesterday.

引导学生总结出动词过去式的构成、用法和意义。提供适当的语言材料，引导学生理解和总结语言规则是第一阶段教学的工作。

第二阶段的教学主要是语言能力的培养。语言能力，必须在理解语法规则的基础上，通过有意识、有组织、有意义的操练来获得。操练形式是多种多样的，其中有些形式会与听说法的练习形式相同，但是认知法主张的是做表达思想感情的有意义的练习，而反对那种只重形式的机械性练习。练习的形式可以是看图说话、描绘情景、转述课文、造句和翻译等。

如果第二阶段的练习是紧扣课文、围绕课文的语言点进行且控制性较大的话，第三阶段的教学活动应该是控制性较小的、使学生享有更大自主权的交际性练习。通过多样化的交际性练习培养学生运用语言材料进行听、说、读、写的能力，特别注意培养学生真实的交际能力。

交际性的练习可以是按指定的情景进行交谈，如，在商店购物、在医院看病、在餐馆用餐的环境中进行交谈；也可以是按指定的题目进行叙述和讨论，例如，在看了有关"babies"的一篇文章或电影、录像、幻灯片后，要求学生叙述文章或电影、录像中的内容，然后对中国的人口政策——"one family one child"进行讨论等。交际性的练习可以是口头的角色扮演，也可以是书面的作文和翻译。不管其形式如何，第三阶段的交际活动是以学生为中心的，教师处于从旁指导的地位。

（四）强调某一方面能力的培养

虽然认知法主张听、说、读、写齐头并进，但它过分强调规则的指导作用和成人学习英语的特殊性，因此，对语音、语调方面要求的严格程度稍逊于学生的理解能力和自学能力。

（五）教学材料的设计

认知法的教材按有利于培养学生发现和理解语言规则的原则来设计。教材中包括反映英语在不同情景中使用的电影、录像和录音等材料，以便让教师在教学时能对不同的语言结构进行不同形式的操练并创造英语环境让学生进行交际的操练。

（六）教师和学生的作用

认知法认为，在英语学习中，教学活动应以学生为中心，只有激发学生对英语的兴趣，激起他们学习上的动力，教会他们正确的学习方法，他们才能积极、主动、有创造性地学习英语。因此，在英语教学中教师是导师，引导学生解决学习上的问题，引导学生发现语言规则，创造情景让学生操练语言规则。学生是英语的积极使用者，他们在教师的指导下，发现语言规则、理解语言规则并在大量的交际活动中创造性地运用这些规则。

（七）母语的作用

主张使用听说法的学者强调语言的差异性，而赞同认知法的学者则强调语言的普遍性和共同性。成年人学习英语可以利用自己在母语学习中已掌握的语法知识、概念和规则，为英语学习服务，进而促进英语学习。因此，母语应该在英语教学中使用，它可以用来讲解语法规则和语言现象。与此同时，支持认知法的学者也意识到了母语和英语在结构上存在着差异。母语的过多使用必然会干扰英语的学习。因此，他们认为母语的使用要适量和恰当。一般说来，在教学的第一阶段，即语言的理解阶段可多用母语，在第二和第三阶段应多用英语。

（八）对待学生错误的态度

支持认知法的学者认为，语言习得是按照"假设—验证—纠正"的过程进行的。在语言习得的过程中，出现错误是难免的，也是很自然的。学生的错误可能由各种原因造成。母语干扰、教学不当或英语内部某些成分相互干扰都会造成错误。因此，对错误要做具体分析，找出原因，给予必要的指点和提出纠正的方法。但在交际过程中，由于不熟练、疏忽或某些语言项目未习得而出现的错误，只要不影响交际，教师就不必打断学生进行纠正，以便创造一种轻松愉快的交际气氛，让学生更好地运用语言。

六、交际法

交际法又称功能法或功能—意念法，产生于20世纪70年代初期的西欧共同体国家。英国学者为创立交际法做出了杰出的贡献。交际法是人们深入研究语言功能的结果，标志着在英语教学中人们开始从只注意语言形式和结构的教学转向注意语言功能的教学。

（一）语言和语言学习的观点

交际法视语言为交际工具。因此，英语教学的目的是培养学习者的交际能力。一个掌握了语言交际能力的人，不仅懂得语言的结构，而且还知道在什么时候、什么场合、对什么样的对象得体地使用语言。在语言教学中，学习者不但要学会结构，更重要的是要学会使用结构，掌握语言功能。强调交际中意义的传递、语言的使用是交际法的特点。

交际法的语言学习理论依据可以从其实践中了解到。可将它们归纳为三个原则：交际性原则、任务性原则和意义原则。交际性原则认为，涉及真正交际行为的活动促进语言学习；任务性原则指出，使用语言来进行有意义任务的活动能促进语言学习；根据意义原则，对学习者有意义的语言能促进语言学习。按照这些原则，应让学生在真正的交际活动中进行有意义的活动，完成一定的学习任务以达到培养语言交际能力的目的。

（二）教师的教学目的

支持交际法的教师的教学目的是培养学生英语的交际能力。"交际能力"是美国社会语音学家海姆斯首先提出来的。海姆斯认为，一个学习语言的人不但应该有识别句子是否合乎语法规则的能力和造出合乎语法规则的句子的能力，他还必须懂得怎样恰当地使用语言，即对不同的对象使用不同的语言，在不同的场合、不同的时间使用不同的语言。因此，英语教学应培养学生英语的交际能力，即要培养在一定的社会环境中恰当地使用语言的能力。要达到此目标，学生需要懂得语言的形式、意义和功能。他们应该懂得不同形式的语言结构可以表示同一种功能。因此，学生要通过学习学会使用正确的语言形式来表达思想。

（三）主要的教学活动和特点

准交际活动是为真实交际做准备而设计的教学活动，可以是句型操练、对话等项目，目的是对英语中的句型和结构进行训练，为交际活动做好准备。如果没有对英语结构和句型的掌握，要进行交际就是困难的。功能性的活动是利用语言功能获取有关信息。社会交际性的活动是利用语言建立和维持人与人之间的友好关系，可以是角色扮演、解决问题等活动。

按照支持交际法的学者的理解，真正的交际活动应该有三大特点：信息沟、选择性和消息的反馈。缺少这些特点的对话就很可能是句型操练，而不是真正的交际。例如，对话双方都知道当天是星期二，为了要练习一下词汇和句型，一个人问另一个人："What day is today?"另一个人回答："Tuesday."这样的对话就不是真正的交际活动，因为两人之间的交际没有信息沟的存在。当一个人不了解某事而与另一个了解该事的人交换信息时信息沟才存在。再举一例，如果我们要求学生把一个陈述句转变为问句，我们可以说："Will you change my sentence into a question？—I went home yesterday."回答可以说"Did you go home yesterday?"但这样的对话也不是真正的交际，因为回答者没有选择的自由，而发问者又不可能从回答者的回答中了解他是否已明白了自己的意思。因此，教师在设计教学活动时也应注意真正交际活动的三大特点。例如，当教师希望学生练习句型"Is it + adj.（colour）?"时，教师可以说："我脑子里想着一个球，球是有颜色的，你知道球是什么颜色的吗？"学生可以问："Is it white/yellow/black/green…"等。这样的操练比听说法的句型练习前进了一大步。

交际法教学的另一特点是教师会尽量使用真实的材料进行教学，这些材料可以取自外文的报纸和杂志，也可以取自外国的电台、电视台或电影。

（四）强调某一方面能力的培养

在交际法里，语言的功能比结构更受重视。一般来说，交际法的教材按功能大纲来编写，同一功能不同结构的语言分不同的阶段介绍，先介绍简单的，然后再介绍较复杂的。

例如，学习"请求"时先介绍"Would you…""Could you…"然后再学习"I wonder if you would mind…"等。

听、说、读、写四种技能从一开始就进行训练。口头交际被认为是在说话者和听话者之间通过磋商而实现的；进行书面交际时，语言的书面形式的意义也是通过作者和读者之间的相互活动而理解的，读者不仅要看懂文章，更要了解作者的含义。

（五）教学材料的设计

交际法的教材有不同的设计类型，有纯粹功能型的，有结构—功能型的，也有功能—结构型的，还有题材型的。纯粹功能型的教材，考虑到语言形式的不足，会使语言结构失去系统性；结构—功能型的教材，注意了语言结构的安排，但对功能意念项目考虑不足，也会失去系统性；题材型的教材，可以照顾语言形式的系统安排，又能适当地安排功能项目，是编写教材较好的设计形式。

编者以一组学生、家长和教师为中心人物，通过他们在校内的活动（如上课、生活、过教师节、过愚人节、开运动会、互相帮助等）和校外活动（过生日、过中秋节、家长教师谈话、在农场劳动等）来展示各种学生、家长和教师在实际交际中出现的较真实的情景，让学生在情景中学习英语和运用英语。

题材型的教材可以使语言形式和功能项目有机结合，能采用语言结构和语言功能项目循环式的编排方法，使语言结构的出现从简单到复杂，使语言功能项目多次出现，有利于学生掌握和运用语言。

（六）教师和学生的作用

在交际法中，教师的作用是多方面的。教师既是组织者，安排全部的教学活动；在教学活动中又是顾问，回答学生提出的问题，观察学生的表现；同时也是交际者，不时与学生用英语进行交际。教师的职责是使学习变得更加容易、有趣。从这个意义上来说，教师也是学生学习的提供方便者。学生主要是以交际者的身份参加学习的，他们在交际法的课堂上通过交际学习交际。

（七）母语的作用

母语在交际法中没有特别的作用，英语应是交际活动中唯一的语言。在解释课堂活动和布置作业时也应用英语进行。支持交际法的学者认为，要使学生明了英语不仅是一个学习的项目，而且是进行交际的工具。但有些学者认为，有时审慎地使用母语也是可取的，但要合理、适当地使用。

（八）对待学生错误的态度

主张交际法的学者认为，学生在使用英语进行交际时犯这样或那样的错误是正常的，是不足为怪的。学生会在使用英语进行交际的过程中不断完善自己，从多犯错误到少犯错误。因此，教师应鼓励学生积极运用英语进行交际，就算在交际过程中学生犯了某种错误，只要不影响交际，教师也不应打断学生的思路去纠正学生的错误。

第四章　高职英语教学模式

第一节　探究式教学模式

英语教学模式是在英语教学实践中，经过人们长期的反复探索，不断总结而形成的一系列行之有效的教学模式。一个良好的教学模式，可以为英语教学和研究的进一步发展打下基础。英语教学中我们采用几种有效教学模式并在英语教学中实践应用，总结出英语课堂教学实践中应根据学生实际情况采取多种教学手段传授知识，注重能力的培养，提高英语教学水平。我们在近几年的英语教学实践中，一点点地从传统的单一讲解教法中解脱出来，在英语课堂教学中使用探究式教学模式、多元智能教学模式、参与式教学模式、内容型教学模式等多元化手段传授英语知识，收到较好的效果。

一、探究式教学的内涵

探究式教学，又称发现法、研究法，是指学生在学习概念和原理时，教师只是给他们一些事例和问题，让学生自己通过阅读、观察、实验、思考、讨论、听讲等途径去独立探究，自行发现并掌握相应的原理和结论的一种方法。它的指导思想是在教师的指导下，以学生为主体，让学生自觉地、主动地探索，掌握解决问题的方法和步骤，研究客观事物的属性，发现事物发展的起因和事物内部的联系，从中找出规律，形成自己的概念。可见，在探究式教学的过程中，学生的主体地位、自主能力都得到了加强。探究式教学是以探究为基本特征的一种教学活动形式，它包含两层意思：第一层是什么是探究；第二层是什么是探究式教学。

在当今国际科学教育改革的热潮中，探究是出现频率最高的几个关键词之一。研究的英文 inquiry 起源于拉丁文的 in 或 inward（在之中）和 quaerere（质询、寻找）。按照《牛津英语词典》中的定义，探究的解释是求索知识或信息特别是求真的活动，是搜寻、研究、调查、检验的活动，是提问和质疑的活动。探究，就其本意来说，是探讨和研究。探讨就是探求学问、探求真理和探求本源；研究就是研讨问题、追根求源和多方寻求答案，解决疑问。探究式学习是指仿照科学研究的过程来学习科学内容，体验、理解和应用科学研究方法，获得科学研究能力的一种学习方式。它包括五个方面的活动：①提出问题，学习者围绕科学性问题展开探究活动；②收集数据，学习者获取可以帮助他们解释和评价科学性问题的证据；③形成解释，学习者要根据事实证据形成解释，对科学性问题做出回答；④评价结果，学习者通过比较其他可能的解释，使解释和科学知识相联系；⑤表达结果，学习者要阐述、论证和交流他们提出的解释。以探究为基础的学习或者教学，指学生通过自主参与获得知识的一种积极的学习过程，是让学生自己思考怎么做，甚至做什么，而不是接受教师思考好的现成的结论。因此，探究式学习既是一种学习方式，也是教育教学的目标之一。

探究式教学要求教师用理论去指导实践，在实践的基础上再总结出新的理论，推动教学不断向前发展，具体是指教师引导学生对有关的学习内容进行深入探讨，或对有关问题进行多方面的研究，以寻找答案、解决问题的过程和活动的方法。它的实施就是让学生以自主、能动的方式在学习过程中掌握知识，获得能力，习得科学的方法，养成科学态度和科学精神。

因此，探究教学的实质就是按提出科学结论和检验科学结论的结构方式去揭示科学结论，即要把所提出的观念和所进行的实验告诉学生，要说明由此得到的资料，还要阐明把这些资料转化成科学知识的解释。

二、探究式教学的特征

（一）注重从学生的已有经验出发

认知理论的研究表明，学生的学习不是从空白开始的，已有的经验会影响他们现在的学习。所以，教学只有从学生已有的知识和实际出发，才能激发学生的学习积极性和主观能动性。否则，就很难达到预期的教学目标。

（二）培养学生的探究能力

探究教学不是教师先把结论直接告诉学生，再通过演示实验或学生实验加以验证，而是让学生通过各式各样的探究活动，例如观察、调查、制作、收集资料等，亲自得出结论，使他们参与并体验知识的获取过程，建构起对新事物的新认识，并培养科学探究的能力。这种通过多样、复杂的活动情景来获得知识的教学方法，可以使学生从多角度深入地理解知识，建立知识间的联系，从而使他们在面对实际问题时，能更容易地激活知识，灵活地运用知识解决问题。也只有这样，学生的学习才是积极主动的，才能真正激发学生学习的内在动机。

（三）重视过程和结果

一方面，要求学生在教师的指导下，对事物和现象主动地去研究，经过探究过程来理解知识的内在联系，从而达到灵活掌握和运用知识的目的；另外一方面，需要教师把知识和科学方法有机结合，在学生掌握知识的基础上，让他们通过观察、调查、假设、实验等多种形式的探究活动，经历收集信息和分析信息的过程，从而获得自己的探究结果或制作出自己的作品，培养学生的科学态度和精神。

（四）重视知识的运用

探究教学的一个基本特点就是学以致用，发展学生运用知识解决实际问题的能力。探究教学能综合提取知识，跨学科解决复杂的、综合的以及涉及知识面广的问题。在掌握知识、运用知识、解决问题的学习活动中，探究教学能使学生更接近生活实际和社会实际，有利于培养学生的实践能力。

（五）重视形成性评价和学生的自我评价

探究教学的评价要求较高，如它要求评价每一名学生理解了哪些概念，哪些还模糊不清或不知道，能否灵活地运用知识解决问题，是否能提出问题，是否能设计并实施探究计划，是否能分析处理所搜集的数据和证据，是否能判断出证据是支持还是反对自己提出的假设等。单靠终结性评价是难以奏效的。探究教学在重视并改进终结性评价的同时，很重视对学生的形成性评价，如学生每天的笔记、撰写的报告、绘制的图表以及与学生面对面的交流、学生针对某一问题所做出的解释等，教师可以通过这些了解学生对知识理解的深度和广度以及进行科学推理的能力。

重视学生对自己学习过程的评价也是探究教学评价的另一个特点。学生不断地对自己的探究学习进行评价，如检查采用的方法是否合适、解释是否得当、对知识的理解程度如何等，可以提高学习效率，有利于学习目标的达成。

（六）重视师生互动

探究式教学法的出发点就是发挥学生的主观能动性和创造力，以学生为中心，让学生自己去探究，自己去历练，积极地参与各种活动，从而获得知识。但学生的自主与教师的指导并不是非此即彼的关系，教师是在尊重学生选择的基础上进行指导，而学生则是在教师的指导下进行自主的探究，两者是一种互动和相互促进的关系。

三、探究式教学的意义

（一）探究式教学符合教学改革的实际，能满足改革者的心理需要

目前，我国教学改革的宗旨主要有三点：一是打破传统教学束缚学生手脚的一套做法；二是遵循现代化教育以人为本的观念，给学生发展以最大的空间；三是根据教材提供的基本知识，把培养学生的创新精神和实践能力作为教学的重点。只要能做到这三点，改革就能取得实效。改革就是不断探究新的教学途径和教学方法。最终实践会告诉每一位教育改革者，探究式教学是非常符合改革者的实际需要的。

（二）探究式教学能使班级教学更具活力和效力

班级授课有利有弊。在科学技术不发达的情况下，班级授课的利大于弊；在远程教育和网络教育快速发展的今天，弊大于利。因为它扼杀了学生的个性，难以因材施教。实施探究式教学，一是要最大限度减少教师的讲授；二是要最大限度满足学生自主发展的需要；三是要尽可能做到让学生在"活动"中学习，在"主动"中发展，在"合作"中增

知，在"探究"中创新。

（三）探究式教学能破除"自我中心"，促进教师在探究中"自我发展"

课堂教学改革难，在很大程度上是难在教师身上。究其原因，主要是教师"自我中心"观念的顽固性和长期沿袭传统的惰性。由此可见，用现代教育理念去改造和战胜传统教育观念有多么艰难。教师要改变自己，就要在实践探究中学习，总结自己的经验，学习别人的经验，包括向学生学习。通过探究式教学，教师的角色会有一个大的转变——由过去的"台前"，走到现在的"幕后"，做一个"导演"。安排好适当的场景，引发学生的学习动机，使学生从观众变成实际的参与者。

四、探究式教学的模式

（一）自主探究教学

自主探究教学就是导引学生的自主学习以促使学生自觉地投入到学习中去，独立思考，主动建构知识的教学模式。

1. 自主探究教学的主要特征

第一，教师是教学的主体而学生是学习的主体，教师和学生同为主体，形成了主体性和民主性的师生关系。

第二，注重教学过程的开放性和研发性，关注教学过程中学生主体意识的发挥，关注学生的创造力和创新意识，重视教师对学生的引导、启发，注重学生自主、能动地进行探究和发现。

第三，注重学生的参与性并提倡适度合作探究的辅助作用。

第四，要求问题设计的合理性和教学的有效性，提倡教学的多维互动性以及教学方式的多样性。

2. 自主探究教学的操作思路

第一，要求教师做到明确学习目标、明确预习的价值、提纲及预习方法，要求教学具有整体性、生活性、开放性。

第二，探究包括个人独探、同伴互探、小组齐探、全班共探等4个支点，教师要着重考虑如何监管学生活动、如何分组、如何指导学生。

第三，教师要通过分层运用、内外运用、反馈等3个支点，指导学生实现应用迁移。

第四，教师要注重发挥学生的主体性和促进全体参与，给学生自主探究的权利，教学过程主要靠学生自己完成。

第五，教师是学生学习的促进者、参与者、指导者、引导者，甚至要与学生"共同学习、共同探讨"。

3. 自主探究教学易出现的问题及解决方法

第一，流于形式，缺少教师适当的指导，无法完成探究的任务。

第二，教师承揽探究，学生只是验证探究，无法提出问题，不会猜想，不能体验到探究的必要性和成功的乐趣。

第三，选材不当，缺乏探究意义。

第四，教师布置不当，学生收集资料困难。

第五，教学时间安排不足，自主探究走过场。

第六，教师对课后探究指导不足，导致课后延伸草草收场。

针对以上问题，教师一定要根据教学需要，根据学生的实际情况进行适时引导；教师应该充分相信学生，促进学生主动参与，激励学生发挥主观能动作用，最大限度调动学生自主探究学习的积极性和主动性；教师要关注探究内容的适度性、可操作性和趣味性；教师应在课前下发"导学学案"，让学生据此进行预习、寻找资料；教师还要更新观念，充分相信学生，给予学生更多的自由支配时间；最后教师要及时介入学生的探究活动，成为他们中的一员，并对学生课后的探究做必要的指导。

(二) 合作探究教学

合作探究教学是指在教师的指导下，学生根据不同层次，以4-6人混合编成小组，在一种积极互助的情境中，为达成共同的目标，分工合作，相互帮助，彼此指导，并以集体的成功为评价依据，最终促进个人发展的教学模式。

1. 合作探究教学的基本要素

第一，要让学生知道他们不仅要为自己的学习负责，而且要为其所在小组的其他成员的学习负责，在探究过程中积极互助。

第二，小组中的每个成员都必须承担个人责任，尽职做好自己的工作。

第三，混合编组要尽量保证一个小组内的学生各具特色、异质、互补，能取长补短。

第四，学生的社交技能水平既是合作探究的结果又是合作探究的前提。

第五，小组自评或团体反思能保证小组不断发展和进步。

2. 合作探究教学的操作思路

第一，合作设计要合理，应以合作、互动为特点。

第二，提前设定目标，为评价提供依据。

第三，通过自学、小组互助，促进集体成果的积累。

第四，自评与他评相结合。

3. 合作探究教学易出现的问题及解决方法

第一，问题设置太过简单，合作探究流于形式，失去了合作探究的意义。

第二，重探究忽略总结。

第三，只注重优秀生，不兼顾后进生。

针对以上问题，教师提出的问题要紧扣课堂讲授的重点、难点，问题要有启发性，并能充分调动学生合作学习的兴趣；教师要引导学生对答案进行总结，使讨论的答案得到统一；最后，教师要特别注意对学生的心理进行辅导，让他们树立信心，同时提供有层次性的问题，使后进生也能胜任，强调整体的进步，形成让优秀生主动帮扶后进生的氛围；在合作探究的评价中，教师要对不同发展水平的学生有不同的要求，应关注每一位学生，特别是后进生。

(三) 情境探究教学

情境探究教学是指在教学过程中,教师有目的地引入或创设具有一定情绪色彩的、以形象为主体的生动具体的场景,以引起学生一定的情感体验,从而帮助学生理解文本,并使学生的心理机能得到发展的探究教学方式。

1. 情境探究教学的基本原则

第一,意识统一和智力统一原则。要求教学中既要考虑如何使学生集中思维、培养其刻苦钻研的精神,又要考虑如何发挥情感、兴趣、愿望、动机、无意识潜能等智力活动的促进作用。

第二,轻松愉快的原则。要求在轻松愉快的情境或气氛中引导学生提出各种问题,并展开自己的思维和想象,寻求答案,分辨正误。

第三,自主性原则。强调良好的师生关系和学生在教学中的主体地位。

2. 情境探究教学的操作思路

第一,借助实验创设情境,帮助学生将当前的学习知识与自己已经知道的事物相联系,建构起所学知识的系统。

第二,借助新旧知识的关系、矛盾,创设情境,让学生产生学习的欲望,从而形成积极的认知氛围和情感氛围。

第三,借助生活实例创设情境,让学生有真切的感受,以便引起学生的探究兴趣,激发其求知的欲望。

第四,运用实物、图画、表演、语言、故事等展现和创设情境。

3. 情境探究教学易出现的问题及解决方法

第一,易产生"花盆效应"。学生的学习能力在人工的、人为创设的典型性场景中发展比较顺利,但是脱离了该种情境后,很可能出现回落的现象。

第二,由于情境教学过分强调情境功效,加之对课程整体性、意会性及模糊性特点重视不够,易出现人工雕琢之痕以及"作秀"之嫌。

第三,由于情境教学强调人为创设情境,对教师的素质要求太高,教师必须具备高超的语言表达能力,甚至要能歌善舞、能弹会唱。

针对以上问题,教师必须熟练驾驭教材,准确把握学生心理特点、智能水平,熟悉他们的内心世界,并针对学生的特点,恰当地选择和运用科学手段、方法,以便结合教材创设情境。

第二节 多元智能教学模式

一、多元智能的基本内涵

加德纳认为每个人都具有至少 7 种智能:语言智能、逻辑—数学智能、空间智能、身体—运动智能、音乐智能、人际交往智能、内省智能,并且每个人的各种能力混合在一起形成了各自独特的认知轮廓。此后,1995 年,他又提出了自然观察智能和存在智能,另外,有其他学者从内省智能分拆出"灵性智能"。

(一) 语言智能

语言智能是用文字思考、用语言表达和欣赏语言奥妙意义的能力。用加德纳的说法,"就是诗人身上所表现出来的对语言文字的掌握能力"。这种智能涵盖了对口头和书面语言的敏感程度,学习各种语言的能力以及运用语言实现特定目的的能力。像诗人、作家、演说家、记者、律师、新闻播报员等都展现了高度的语言智能。

(二) 逻辑—数学智能

逻辑—数学智能是人能够计算、量化及考虑命题和假设,而且能够进行复杂的数学运算的能力。运用这种智能常常包括以下几个过程:类聚、判别、推理、概括、计算、假设和检验。逻辑学家、科学家、数学家、会计师、工程师、电脑程序设计师等都展现出很强的数学—逻辑智能。

(三) 空间智能

空间智能即在脑中形成一个外部空间世界的模式并运用和操作这种模式的能力。这种智能让人有能力以三维空间的方式来思考,包括对色彩、线条、结构、形状和空间关系的敏感性以及很强的空间思维和空间定位能力。雕刻家、画家、建筑师、飞行员等都表现出高度发达的视觉空间智能。

(四) 身体—运动智能

身体—运动智能是个体操作运用其身体或身体的一部分来表达思想、情感或创作的能力。包括个体的协调性、平衡性、技巧性、力度、速度以及身体的感知与触觉能力。这种智能在舞蹈家、运动员、工艺者、外科医生等人身上表现得尤为突出。

(五) 音乐智能

音乐智能即感受、辨别、创造曲调和节奏以及运用音乐表达的能力。音乐智能占优势的人对各种非语言的声音和日常声音、节奏等非常敏感。这种能力在歌唱家、指挥家、作曲家、乐器制作者、演奏家、调音师等人身上都有杰出表现。

(六) 人际交往智能

人际交往智能即理解他人,能与人有效交往的能力。包括观察和感知他人情绪、动机、意图及情感变化的能力。成功的政治家、教师、推销商、社会工作者等都是具有较高人际交往关系智能的人。

(七) 内省智能

内省智能是深入自我内心世界,建构正确的自我知觉并运用其规划自我人生的能力。包括对自我的准确定位和描述,了解自我内心情绪、动机、意图和愿望以及自知、自律等能力。这些在哲学家、神学家、心理学家等人身上都有突出表现。

（八）自然观察智能

自然观察智能指个体能够高度辨别环境（自然环境和人造环境），并运用这些能力从事生产的能力。自然观察智能较强的人善于觉察不同自然物种之间的细微差异，对自然界的变化极具敏感性。诸如动植物学家、考古学家、猎人、生态学家等都具有高度发达的自然观察智能。

（九）存在智能

存在智能即对人生和宇宙终极状态的思考能力。其核心是在直达无限广阔宇宙的尽头为自我定位的能力，是在人类生活环境中思考与存在有关问题的能力，如人为什么要来到地球上，在人类出现以前地球是何种状态，人生存与死亡的价值与意义是什么等。哲学家、思想家、宗教者等都是存在智能发达的人。

二、多元智能的潜在原则

（一）关于智能本身性质的原则

第一，多元智能所包含的几种智能模式是暂时性的，除了智能外，仍可能有其他智能存在。事实上，在最初的研究中，加德纳只指出了7种智能，而自然观察智能和存在智能是在后来才被检测出来的。

第二，每一种智能都享有其独特性，但又并非独立运作，它与其他智能是同时并存、相互补充和统一运作的。

第三，每一种智能都包含着多种次类智能。

（二）关于人类智能发展的原则

第一，每个人都有与生俱来的各种类型的智能。每一个正常人都享有上述的几种智能，但受遗传、文化与环境差异的影响，每个人的各种智能的发展程度是不尽相同的，而且有时会以不同方式来统和这些智能。

第二，每个人的各种智能都是可变的。智能并非是固定和一直处于静止状态的，它们或被强化与扩大，或被缓减和削弱，其中文化是影响智能发展的重要因素。

第三，每个人所享有的每种智能都有其独特的发展阶段和顺序。在每种智能的发展过程中，它至少经历了四个不同的发展阶段：最初邂逅阶段—使用阶段—正规教育阶段—接受阶段。其发展过程的快慢、强弱受个体文化环境中诸多因素的影响。

第四，每个人的智能都是能够培养和教授的。虽然个体与生俱来的智能各不相同，但绝大部分是在个体的青春期和以后发展成熟的，人之所以能出色地发展并超越其出生时所具有的智能，关键在于后天的培养和教授。

三、多元智能教学的理论基础

1967年，美国在哈佛大学教育研究生院创立《零点项目》，由美国著名哲学家戈尔曼主持。《零点项目》的主要任务是研究在学校中加强艺术教育，开发人脑的形象思维问题。

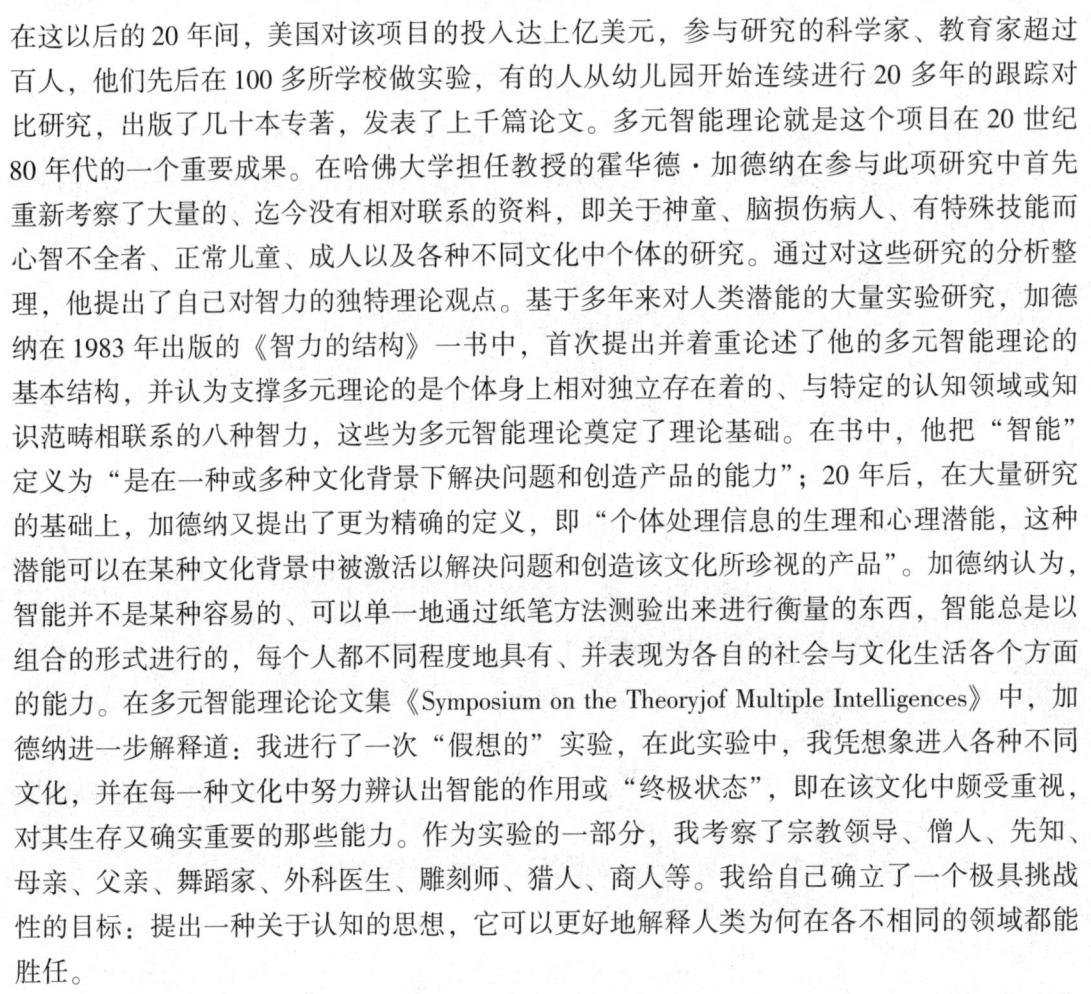

在这以后的 20 年间，美国对该项目的投入达上亿美元，参与研究的科学家、教育家超过百人，他们先后在 100 多所学校做实验，有的人从幼儿园开始连续进行 20 多年的跟踪对比研究，出版了几十本专著，发表了上千篇论文。多元智能理论就是这个项目在 20 世纪 80 年代的一个重要成果。在哈佛大学担任教授的霍华德·加德纳在参与此项研究中首先重新考察了大量的、迄今没有相对联系的资料，即关于神童、脑损伤病人、有特殊技能而心智不全者、正常儿童、成人以及各种不同文化中个体的研究。通过对这些研究的分析整理，他提出了自己对智力的独特理论观点。基于多年来对人类潜能的大量实验研究，加德纳在 1983 年出版的《智力的结构》一书中，首次提出并着重论述了他的多元智能理论的基本结构，并认为支撑多元理论的是个体身上相对独立存在着的、与特定的认知领域或知识范畴相联系的八种智力，这些为多元智能理论奠定了理论基础。在书中，他把"智能"定义为"是在一种或多种文化背景下解决问题和创造产品的能力"；20 年后，在大量研究的基础上，加德纳又提出了更为精确的定义，即"个体处理信息的生理和心理潜能，这种潜能可以在某种文化背景中被激活以解决问题和创造该文化所珍视的产品"。加德纳认为，智能并不是某种容易的、可以单一地通过纸笔方法测验出来进行衡量的东西，智能总是以组合的形式进行的，每个人都不同程度地具有、并表现为各自的社会与文化生活各个方面的能力。在多元智能理论论文集《Symposium on the Theoryjof Multiple Intelligences》中，加德纳进一步解释道：我进行了一次"假想的"实验，在此实验中，我凭想象进入各种不同文化，并在每一种文化中努力辨认出智能的作用或"终极状态"，即在该文化中颇受重视，对其生存又确实重要的那些能力。作为实验的一部分，我考察了宗教领导、僧人、先知、母亲、父亲、舞蹈家、外科医生、雕刻师、猎人、商人等。我给自己确立了一个极具挑战性的目标：提出一种关于认知的思想，它可以更好地解释人类为何在各不相同的领域都能胜任。

加德纳的多元智能理论为教育理论和实践提供了重要的启示，在实践中涌现了许多著名的学者和大量的研究成果。

四、聚集多元智能的英语教学模式

在当今，发展学生的多元智能已经成为 21 世纪英语教学的一种趋势，许多学者都在极力探讨多元智能理论与英语课堂教学整合的模式和方法，为该理论拓展更广阔的应用空间。把多元智能理念渗透于英语课程中，研制多元智能课程模式与教学计划，是多元智能理论在英语教学实践中最佳的切入点。例如，设计多元教学。把某种智能作为科目的单位，设计与该智能相关的活动。在"人际交往科目表"中，可以设计"组织或参与一次英语晚会、与同学进行英语会话、与同伴交换检查或批改英语作文"等活动。实施时允许学生选择自己喜欢的科目表，采用自己擅长的学习方法，鼓励学生用各种方法展示自己的才能和所学知识；安排多元课程规划表。把智能目标落实到英语课程或单元教学中，将培养各种能力与课堂教学有机结合起来。教师应当明确什么是学生应当掌握的最有价值的知识，训练哪些方面的智能，探索恰当的教学方法。教师设计的教案应包括课程或单元名称、课程或单元目标、教学预期成果、教学资源或辅助材料、学习活动、教学步骤和评价方式。

多元智能理念指导下的教学有四个阶段：第一阶段（唤醒智能），通过运用视觉、听觉、嗅觉、味觉、触觉等多种感官和内心感觉，如本能、元认知和洞察力等激活各种智能，感性认识周围世界事物的多种特征；第二阶段（拓展智能），这涉及能力的沟通——通过接触他人、事物或特定的情景体验情感，调节并为培养、拓展和加强每一种被唤醒的智能所进行的练习活动和强化认识活动；第三阶段（为智能而教，用智能来教），在教学中传授学习方法与策略，把智力开发与教学重点相联系，帮助学生了解自己的智力程度，发展潜能；第四阶段（迁移智能），把智能与日常生活相融合，在真实的环境中恰当地运用智能解决问题，应对挑战，使各种智能成为我们日常认知、情感和生活的一部分。

第三节　参与式教学模式

一、对"参与"的理解

"参与"即参加，是对事物的发生、发展起着一定作用的一种参加。参与是一种思想理念，强调所有有关人员对相关事情的决策、规划、实施、监测、评估等活动的介入；参与是一种实践性的活动，既强调活动过程中参与者的"在场性"，也强调参与者共同生成活动的结果；参与是一个过程，一个不断发展、演化的过程，在这个过程中，参与者要明白自己是参与的一分子，而非"局外人"，明白自己参与的目的是通过参与，使自己的自尊、自信和自主性都得到提高；参与是参与者的一种投入状态，从个体的角度看，参与指个体在认识活动中认知和情感方面的投入，个体与其他个体间的互动，个体与群体之间的相互影响的方式和程度等。从群体的角度看，参与指的是所有参与者的总体投入状况，包括他们所形成的小组类型、小组内不同角色的分工、小组的竞争与合作机制、小组的发展阶段和特点等。

二、参与式教学的含义

有了对参与的理解，我们可以认为参与式教学是指在自由、民主、平等的教学氛围中，教师采用灵活多样的教学手段和教学方法，以学生为中心而学生也自愿地、主动地、积极地介入教学的各个环节，与教师共同推进教学的一种教学模式。与以教师、教材为中心，黑板、粉笔为媒介的传统教学模式比，参与式教学努力创设一种能使学生真正成为教学的中心、学习的主体的教学氛围。主体参与可以活跃课堂气氛，满足学生的表现欲、发展欲，这是教学的生命线。通过主体参与，学生将对教学内容有选择的机会，对教学进度提出建议，与教师一道设计教学方法，积极参与并对教学过程进行适当的调控、干预以及对教学结果进行评价等，使学生真正发挥自己的主观能动性。

三、参与式教学的特点

参与式教学传承了传统教学合理的部分，同时又有发展和突破。一般认为具有6大特点：

（一）全体性

强调全体师生的参与。参与教学是全体教师、全体学生的参与。而每个学生，无论是优生还是后进生，都应该是积极参与的主体，都不应该被忽略，老师对待他们不得有别。每个学生都有平等的参与机会，都有发表自己观点的权利与义务。同时，老师的参与不是指某一个老师唱独角戏，而是要同一年级、同一学科的教师加强交流，在交流中就教学经验方面互相取长补短，了解学生情况。

（二）全面性

强调师生在各个教学环节的全方位的参与。教学是一个过程，有很多环节。学生参与教学，就要参与教学的各个环节。具体有：在课前（课前参与），学生与老师共同进行教学设计，如设计教学内容、教学目的、教学重难点、教学方法、教学手段、教具以及教学的具体步骤；在课中（课中参与），学生以提问、讨论、回答等形式介入教学；在课后（课后参与），通过查阅资料、完成作业、继续讨论存在的问题、参与实践或实训等方式，与老师和同学交流。在整个过程中，他们可以向教师、学校领导等提出教学建议，对教学实施监控或干预。

（三）开放性

强调教学方法、教学内容、教学媒体、教学评价的开放性。教学要想有效果、出成绩，就必须得有方法，但无统一、固定的模式。哪怕对相同的学生，不同的教师也可能采取不同的方法，学生可以根据自己的兴趣、爱好和需要选择适合自己的学习方法。在教学开始前，学生和老师共同参与教学设计，学生也能根据自己的实际情况确定学习方法；教学过程中，学生积极与教师互动，参与教学课堂的各个环节；课后学习中，除了完成教师布置的作业外，学生也可选择自己感兴趣的内容做进一步的学习和研究。在参与式教学中，教师以教材内容为依托，但不局限、拘泥于教材。学生通过参与，把自己的个体经验与教师传授的知识以及来自其他资源的知识结合起来。参与式教学中采用的是现代教育技术，教师可以利用多媒体进行备课和上课，学生也可以用多媒体进行学习，将自身存在的问题和教学建议及时反馈给教师。在参与式教学中，评价主体不只是教师，还有学生自己和社会等，评价是公开、公平、客观的形成性评价。

（四）合作性

强调师生之间的合作伙伴关系。师生参与教学的过程就是他们之间平等合作的过程，教师和学生一起发现问题、提出问题、分析问题和解决问题。在合作过程中，形成多元化的智慧和思想的交流。

（五）生成性

强调学生自主地建构自己所理解的知识。在参与式教学中，学生通过主动地参与教学，吸收和理解来自课内、课外的知识，主动构建、生成自己的知识。也就是说，这种生成是动态的。

（六）宽容性

强调师生应该相互具有宽容心。在参与式教学中，一定范围和程度上允许学生自由地表达个人的见解，发表不同的意见，甚至对学生的反对意见和错误的言行给予包容。对此教师要进行教学反思，这样有利于教学的进一步开展。

四、参与式教学模式和方法

参与式教学的模式有很多，没有固定的套路，因教学内容、教学目的、教师和学生的不同而不同。国内外的参与式教学模式和方法有提问、头脑风暴、小组讨论、角色扮演、案例分析、小组合作、歌舞、戏剧等，这里介绍几种主要的模式。

（一）提问法

提问法是参与式教学法中使用得最多最频繁的方式。基本程序有：

1. 检查学习者对所学知识的掌握程度，了解他们是否跟上了进度。
2. 检测学习者目前的学习状态，看他们是否保持浓烈的学习兴趣和学习热情。
3. 促使学习者自己思考和寻找答案。
4. 提问起着承前启后的作用，可以帮助开始下一轮讨论或学习。

提问的作用很明显，但一旦使用不当，可能使学习者觉得是盘问，不利于教师和学生间的平等交流。为了避免此种情况的发生，教师要注意以下几点：

1. 不能故意提刁难学习者的问题。
2. 只提与学习目的和内容有关的问题。
3. 只提学习者力所能及的问题，尽管有时有一定难度。

为了提高学习者回答问题的质量，教师提的问题要有质量，避免一些不合适的问题，高质量的问题包括如下几类：

1. 开放式问题：这类问题通常以 wh-特殊疑问词开头，如 where，when，who，why，what 等。
2. 追问问题：对回答者进行循循善诱的、层层递进的提问。
3. 确认理解问题：确认学习者理解了提问，确认教师理解了学习者的回答，要求学习者确认自己的回答。

而不合适的、低质量的问题有：只需用"yes"或"no"来回答的封闭式问题、给予回答者明显暗示的引导式问题、回答者只能回答某部分的多重式问题或太简单、太难的问题。

另外，教师得为学习者创设安全、轻松的环境氛围。

（二）头脑风暴法

头脑风暴法是美国学者阿历克斯·奥斯本于 1938 年首次提出的一种参与式教学的模式，是一种创造能力的集体训练法。所谓头脑风暴，最早是精神病理学上的术语，指精神病患者的精神错乱状态，现在比喻思维高度活跃，产生无限制的自由联想和讨论，由此产生新观念或激发创新设想。它的特点是让参与者根据特定的议题，敞开思想，自由地、快速地说出自己的想法，使各种设想在相互碰撞中激起脑海中的创造性风暴。

由于头脑风暴的参与面非常广，人人都在畅所欲言，看上去很热闹。但有效的头脑风暴并不那么容易组织。要遵循以下基本环节和基本原则：

1. 基本环节

（1）明确议题

让参与者明白要讨论的问题是什么，最好把问题写在黑板上或展示纸上。

（2）资料准备

为了使头脑风暴的效率较高，效果较好，可在讨论前做一点准备工作，如收集一些资料预先给大家参考，以便了解与议题有关的背景材料。

（3）确定人选

一般以 8~10 人为宜，也可略有增减（6~8 人），人数太少不利于激发思维；而人数太多则不容易掌握。

（4）明确分工

要推定 1 名主持人，重申讨论的议题和纪律，在讨论进程中启发引导，掌握进程；1 名记录员，将参与者的所有设想进行简要记录。

（5）规定纪律

根据头脑风暴法的原则，可规定几条纪律，要求参与者遵守。

（6）掌握时间

讨论时间由主持人掌握，不宜在讨论前定死，一般来说，以几十分钟为宜。

2. 基本原则

（1）自由畅谈

参加者从不同角度、不同层次、不同方位，大胆地展开想象，尽可能地标新立异、与众不同，提出独创性的想法。

（2）延迟评判

头脑风暴必须坚持当场不能否定某个设想，也不能对某个设想发表评论性的意见。一切评价和判断都要延迟到讨论结束以后才能进行。

（3）禁止批评

绝对禁止批评是头脑风暴法应该遵循的一个重要原则。参加头脑风暴讨论的每个人都不得对别人的设想提出批评意见，因为批评对创造性思维无疑会产生抑制作用。

（4）追求数量

头脑风暴会议的目标是获得尽可能多的设想，追求数量是它的首要任务。

（三）小组讨论法

小组讨论是在参与式教学中发挥很多作用的一种模式，主要为组内讨论。通常按4~6人一组的规模把学员分成若干小组，就一两个题目展开讨论。尽可能让参与讨论者移动课桌椅，彼此靠得更近，以便面对面地进行讨论。小组成员身体距离的靠近和眼光交流既可以提高讨论质量，也可以促进人际间的和谐和信任。小组讨论的具体步骤和组织要点如下：

第一，把全体参与者分为4~6人的小组，采用全班集体活动方式。分组时，视具体活动目的而采用按自愿组合、学号分或者按性别混合、能力混合、个性及知识经验混合。

第二，分组后，明确每小组具体目标及活动需要的时间。为实现共同目标，将参与者进行角色分工。每个成员都担任一定的角色，如：召集员（负责组织讨论）；计时员（保证小组内每一位成员都有机会发言，提醒发言过长者缩短说话时间）；记录员（负责将本组讨论或活动结果记录在纸上）；汇报员（负责向全班报告本组讨论和活动结果）。这些角色由不同的人轮流担任。

第三，教师是全班集体讨论活动的组织者。其职责是揭示讨论的主题，向参与者提出明确、清晰的讨论要求。在活动过程中，组织学生，为各小组提供材料，主要包括讨论或演示用的图片、展示板等。在各小组巡视，就各组的活动情况进行调控，以随时提供必要的指导和帮助。

第四，活动结果的汇报。各组汇报员将活动讨论结果进行口头报告，讲解本组意图与结论；或者进行书面报告，将讨论结果写于大白纸上，然后贴到黑板上向全班展示。各组轮流展示，大家共同分享，以达成共识。

第五，活动结果的点评。教师和学员对各组的展示做出点评。教师最后全面总结各小组的活动成果，给学员以恰当的评价或期待。

第六，小组讨论应该避免的问题。小组讨论避免每个成员讨论内容之间没有逻辑关联；避免组员的发言在低水平上重复，组员无法在思想上得到提升。

这种组织形式始终贯穿着一个指导思想，那就是以学习者为中心，以活动为主，平等参与，融理念、知识于参与式活动中之中，强调学习者的主动参与，充分关注学习者已有的知识经验，根本目的就是发挥学习者的主观能动性。

（四）角色扮演法

角色扮演法主要是通过身体动作媒介，根据学习的要求和自己的理解扮演现实生活中的某个角色，将该角色的个性特征和在某些事件和关系中的行为方式更为突出地表现出来。英语教学中角色扮演的主要目的是使参与者从不同的角度体验相对真实的语言情境，产生对英语语言更新、更高层次的认识和体验。

角色扮演能使参与者将在语言学习中获得的知识技能综合运用于一个具体的问题情境。通过参与真实的、可感知的模拟练习，参与者整合和运用新知识和技能的能力以及处理复杂问题的能力均会得到提高。

角色扮演的一般步骤如下：

第一步：教师提出现实生活情境，明确角色扮演的大致要求，参与者可做适当修改；

第二步：参与者快速分组，确定具体扮演的主题和角色，然后进行排练；

第三步：教师对参与者提出观察任务，包括观察的内容、角度、方法等；

第四步：各小组进行角色扮演，其他参与者观察并做记录；

第五步：全体参与者对各个小组的表现进行评议，对有关问题进行讨论；

第六步：教师协助参与者进行总结。将角色扮演中的问题情境与现实结合，探究行为的一般规则和问题解决的一般方法。

第四节 内容型教学模式

一、内容型教学法的基本原则

内容型教学法通过运用目标语教授学科内容，把语言系统与内容整合起来进行教学。这种整合观是基于一种对语言教学的认识：只有同时给予两者相同的重视，而不是将两者分离开来，才能促进两方面同时发展。而运用目标语教授学科内容可以较理想地达到整合这两个方面的目的。其基本原则如下：

（一）教学决策建立在内容上

语言课程的设计者和教材的编写者在设计阶段面临的两个问题就是内容（包括哪些项目）的选择和排序（如何排列这些项目）。在传统的教学方法中，不少方法如语法翻译法、听说法，它们通常按照语法的难易程度编写，如一般现在时比其他时态更容易学习，在教材的编写和教学中自然处于优先学习的地位，根据此原则编写的教材及在教学中都把容易学习的内容放在初学阶段。然而，内容型教学法颠覆了传统方法中内容的选择和排序原则，彻底放弃了以语言标准作为教学的出发点，而是把内容作为统率语言选择和排序的基础。

（二）整合听说读写技能

以往的教学法常常以分离的、具体的技能课，如语法课、写作课、听说课的形式进行教学，内容型教学方法试图在整合听说读写四项基本技能的同时，将语法和词汇教学包含于一个统一的教学过程之中。由于语言交流的真实情景以及语言的交互活动涉及多种技能的协同，派生了这项教学原则。同样，内容型语言教学反对在课堂上先听说、后写作的教学顺序，它没有固定的、一成不变的技能教学顺序，相反，它可从任何一种技能出发。可以看出，这一原则是第一个原则的引申，是内容决定、影响教学项目的选择和顺序原则的具体表现。

（三）教学的每一个阶段都要求学生积极地、主动地参与

自交际法产生以来，课堂的中心从教师转向学生，"做中学"成为交际语言教学的基

本原则之一。任务型教学是交际法发展的分支，它强调学生应在完成任务的过程中进行探索性、发现性的学习。同样，内容型教学也是交际法的分支，重视学生在参与学习的过程中积极主动地学习。主张内容型教学的学者们认为，语言学习应产生于将学生暴露于教师的语言输入中；同时，学习者还可以在与同伴、同学的交往中获得大量的语言信息。因此，在课堂的交互学习、意义协商和信息收集以及意义建构的过程中，学生承担着积极的社会角色。在内容型语言教学中，学习者可以承担多种角色，如接受者、倾听者、计划者、协调者、评价者等。与学习者具有多重身份一样，教师也扮演着多重角色。他们可以是学生的信息源、任务的组织者、学习活动的引导者、控制者和促进者、学生学习活动的评估者，等等。

（四）学习内容的选择与学生的兴趣、生活和学习目标相关

内容型教学法的内容选择最终决定于学生和教学环境。教学内容通常与具体的教学和教育环境中的教学科目平行进行。因此，在中学阶段，英语教学内容可以来自学生在其他科目，如科学、历史、社会科学中学习的内容。同样，在高等教育环境中，学生可以选修"毗邻"语言课。"毗邻课"是两个教师从两个角度教学同一内容，从而达到不同的教学目标的课型。在其他教学环境中，教学内容可以根据学生的职业需要和一般的兴趣特点进行选择。事实上，由于哪些内容是学生普遍感兴趣或者直接相关的很难确定，教材的编写者、使用者都很难把握这一条原则。但是，由于每个内容单元的教学时间长，教师有大量的时间和机会把课程内容与学生的兴趣以及他们已经具备的知识结合起来，因此，让学生对所选内容感兴趣是内容型教学理论实现的重要基石。

（五）选择"真实的"教学内容和任务

内容型教学的核心成分是真实性，它既要求课文内容的真实，又要求任务内容的真实。一首歌谣、一个故事、一段卡通都可以作为真实的教学内容，把这些真实的内容放置于英语教学课堂将改变它们原本的目的，从而服务于语言学习。同样，任务的真实性也是内容型教学的目标，任务必须与一定的文本情景结合，反映真实世界的实际状况。

（六）对语言结构进行直接学习

内容型教学将学生暴露于真实的语言输入中，目的在于让学生获得运用语言进行交际的能力。文本形式、教师的课堂语言的输入、学生之间的结对子活动以及小组活动都是内容型教学的信息源。但是，内容型教学认为，仅仅通过可理解性输入不是成功的语言学习，对真实文本中出现的语言结构必须采取提高意识的方法进行学习。

二、内容型教学法的特点

内容型教学法旨在将学生尽可能地暴露于与他们直接相关或者他们感兴趣的内容之中。从这个简单的定义可知，与学生直接相关和他们感兴趣的内容不但包括学生日常生活中会共同面对的问题，而且也包括他们学习的其他科目的内容。事实上，学生学习的学科内容更应该合理地整合于英语教学，以促进学生的思维和语言能力的整体发展。那么，内

容型教学法具有哪些主要特征呢？

首先，内容型英语教学法的主要特点在于对"内容"的强调和利用。"内容"可以满足语言教学多方面的目的。一方面，它为英语课堂教学提供极其丰富的教学情景，教师可以利用这些内容呈现，解释语言的具体特征；另一方面，实验证明，富有挑战性的"内容"是语言习得成功的基础。无论是克拉申的可理解性输入理论，还是维果茨基的最近发展区理论，都强调综合的、富有挑战性的、略高于学习者当前语言水平的内容输入。因此，把内容输入置于特殊的地位是当前内容型教学法普遍实践或实验的趋势。

其次，内容型教学法的内容选择不以教学课时为基本单位。通常一个单元的内容都会超出单个课时，事实上，内容型语言教学的教学内容单元往往长达几周课时，甚至更长。

三、内容型教学法的教学模式

目前，内容型教学法主要有以下两种模式：

（一）主题模式

主题模式通过主题形式来组织教学。这些主题内容主要来自学生学习的其他科目，或者与他们的兴趣和生活密切相关的内容，主题教学是为了实现教学内容、教学方法的突破，解决英语教学中长期难以解决的矛盾。主题教学模式强调学习语言所表达的意义，但并不忽视对于语言形式的学习。学生通过主题的建构，学习有关社会生活的知识，通过学习词、短语、句型和语法知识，从而把意义与形式有机结合起来。

实现教师引导与学生自主学习的统一。教师的职责在于创造学习的语境，并给予正确的引导与示范。教师把以主题为主的认知结构的建构、拓展和深化的任务交给学生，这样就从真正意义上培养了学生的自主性。

实现学生跨文化交际能力的全面发展。在以主题为中心的英语学习中，学生获得了丰富的有关社会、文化和交际方面的知识；在完成围绕主题、话题的交际任务中，学生提高了以听、读、写为基础的跨文化交际能力，培养了自身的素质，发展了个性；在自主性的学习中，学生找到了自我价值，实现了自我超越。英语教学以主题为线索，按主题—话题—细节的步骤，使学生逐步建立较为完整的反映主观与客观世界及社会交际需求的知识系统。

（二）附加模式

附加模式是指语言教师和学科内容教师同步教授相同的教学内容，但是他们的教学重点和教学目的不同。语言教师的教学重点在于语言知识，完成语言教学目标，而负责学科内容的教师重点在于学科内容的理解上。例如，一个英语教师和一个心理学教师都以心理学内容进行教学。其中，英语教师将心理学材料作为英语语言课程的内容，其教学目的是为了提高学生的英语使用能力，而心理学教师的教学目标是完成心理学学科内容的教学。因此，在英语教师的课上，学生的主要任务是通过对富有挑战性的内容进行理解和吸收，从而较快地理解难度较大的内容，并在语言教师的指导下，快速学会语言。

四、内容型教学法的优缺点

(一) 内容型教学法的优点

1. 内容型教学法中丰富的学科内容能促进学生智力的发展

迄今为止,交际法是英语教学中最重视语言形式和内容密切结合的方法。但是,由于交际法没有摆脱教学法由来已久的"内容自由"选择的传统,仍然以语言的功能或者意念形式选择内容。这样一来,语言本身既充当内容,又是教学的中介,很容易造成课堂内短期的循环现象:即教学的中心一段时间在内容上,一段时间在一些具体的语言结构上。但是,不同的内容要求不同的思维方式,不同的思维方式需要不同的教学内容。也就是说,不同的语言内容会引起学习者不同的认知过程,单一的、以结构为组织原则的教学不能满足学生认知能力发展的需要。因此,多元的、丰富的学科内容成为语言教学的核心,成为发展学生认知能力的一种选择。随着时代的发展,英语教学的目的越来越趋向于使语言教学成为人类发展的重要因素,成为人类思维能力、语言能力发展的条件。沉浸式语言教学的研究表明,在第二语言的学习中,学习者普通认知技能的发展和将学习者暴露于母语中同等重要,获得语言能力(语音、词汇、语法、语义、功能意义)和认知过程(理解、分析、应用、综合、评价)之间存在密不可分的关系。问题的关键是,不同的思考方式要求不同类型的语言内容。因此,通过激发学习者对丰富内容的兴趣,可以达到在发展思维的同时促进语言能力的发展。

2. 提高学生的高级学习策略

学生的学习策略也会在思维的发展中得到提高。例如,学习推导的策略远比找出同源词难度更高。翻译、重复、惯用语的使用等都是学习者在学习语言早期容易掌握的策略。但是,在内容缺乏的环境中,他们常常被禁锢于狭隘的语言结构知识情景中,很难发展高级策略,如运用、监控、推导等高级策略。而这些高级策略才是成功学会第二门语言的条件。在真实的任务情景中,学生积极参与意义协商,在遇上不理解的信息时,学生会积极提供反馈。在这种情况下,大量的副语言特征和情景信息共同支持语言的发展。此时,语言得到的支持将最大化。当情景和认知难度都降低或减少时,学生对语言意义的理解和成功解释信息的能力只能依靠语言本身的知识,如通过分析句法结构、寻找同源词等。情景丰富的语言学习环境为学生提供大量的语言的、元语言的、超语言的材料,它们在学生进行信息加工的过程中意义重大。母语就是在认知难度和语言情景丰富的环境中习得的。然而,我们的英语教学与母语学习的条件相反,常常处于认知难度和情景缺乏的环境和状态下。因此,其教学效果自然不难想象。

3. 提供大量的支持语言发展的材料

语言的、元语言的、超语言的情景内容可以大大提高对语言的感知力和理解能力,从而加速语言的发展。丰富的内容知识可以培养学生良好的学习策略。低级的策略,如翻译、重复、背诵等不足以满足英语思维能力发展的需要。高级的策略才是语言学习的成功条件。另外,对内容的敏感也会提高语言背景图式知识以及对语法、词汇等语言系统知识的认识,思

维能力在对这些知识进行处理的同时获得提高。英语教学必须以不同的内容满足人类的多种思维能力发展的需要。内容的多样性在满足人类的思维发展的同时也能促进语言的发展。可见，内容型教学法通过发展那些与语言结构相关的思维技能发展语言。因为内容与认知方式紧密联系，它要求用一系列具体的概念、观点和语法规则去表达。英语教学法改革从内容入手，一方面可以增加认知难度，促进学生思维能力的发展；另一方面使内容成为发展语言的条件，较大程度地符合英语教学从语言的发展走向人类的发展的总体规律。

（二）内容型教学法的缺点

内容型教学法也存在很多的局限性。

1. 缺乏实施内容型教学法的教材

目前，内容型教学法在欧美国家的实践还处于探索阶段。由于内容型教学法包含的方法模式和内容体系相当庞杂，因而很难形成较为统一的教材。单从教学模式而言，内容型教学法就有主题模式、附加模式和遮蔽模式，每一种模式对教材、教学程序和教师知识结构的要求都不同。要编写容纳多学科内容，符合不同学科内容的教学规律的教材有很大的困难。

2. 缺乏胜任内容型教学法的师资力量

内容型教学法对师资的要求发生了翻天覆地的变化。首先，不同的学科内容自然要求教师也具备相应的知识储备，但事实上，很少有教师可以达到这样的要求；其次，不同的教学模式对教师而言具有很大的挑战，他们不但需要具备良好的英语教学知识和技能，还要和其他学科的教师协调、合作，才能完成教学任务，这需要他们改变一直以来把英语看成同其他学科一样是一门相互独立的学科的思维定式。很显然，内容型教学法对师资的要求远远大于其他教学方法。

总而言之，丰富的学习内容是文化的载体，是语言发展的条件，也是人类思维发展的重要组成部分，因此现代英语教学法要以丰富的学科内容为出发点。为了协调语言内容和意义之间长期存在的冲突，创设新型内容型教学模式不但可以促进人的整体发展，还能彻底改变以往各种教学法偏于语言、忽视内容的"两张皮"的做法，改变"为教语言而教学""为工具性目的而教学"的教学法定位，从而走向"为人的整体发展而教学"的转变。

第五章　高职英语网络化教学

第一节　现代教育技术与学科课程的整合

以多媒体和网络为核心的现代信息技术不仅改变着人类的生产和生活方式，而且改变着人类的思维和学习方式，它引发了一场世界范围的跨世纪教育改革和学习革命。

一、概念界定

（一）信息技术

信息技术是指研究信息的产生、获取、度量、传输、变换、处理、识别和应用的科学技术，是人类对数据、语言、文字、声音、图画和影像等各种信息经验、知识、手段、工具的总和。教育的本质是通过有价值的文化信息的传递为学生个体发展和社会进步服务。从文化传递的角度讲，信息技术具有高效率和高效能。信息技术与学科课程有机地结合起来，成为学科课程和教学中不可或缺的要素。

（二）课程整合

整合是个新概念。整合的目的和意义不仅是为了发挥信息技术的工具功能，而且赋予教育新的意义。通过整合促进教学模式的变革，实现教育思想、教学内容、教学方式全方位的现代化，突破传统教育的模式。

现代教育媒体运用于学科教学有很多优势。如，录音教材：声音重现；投影教材：平面模拟，以静态文本为主；幻灯教材：静态图像、瞬间图像；影视教材：图、文、声，以动态图像为主；多媒体教学软件：交互视窗、超媒体、多媒体。

二、信息技术与课程整合的起因

教师的传统教学观念和方法严重影响学生的学习。教师的教学不但与自身素质联系紧密，而且与教学手段也紧密相连。如今，虽然教学方法层出不穷，但是各学科教学仍然在沿用传统的教学方式。

从教学环境看，由于近年来扩招等因素的影响，许多学校实行大班教学，一个教学班至少五六十人，这样的班级，学生的学习、实践的机会很少。也就是说，他们无法将已学到的知识进行实践性的练习，没有能够得到很好的消化。教师也受此影响，长期以"一言堂"的方式教学，学生学了多少也不知道。

从教学手段看，多数学校虽然添置了不少设备，但设备的利用率不高，甚至有的被闲置，未能发挥应有的作用。典型的以教师为中心的教学模式，仍然大有市场。所以，信息技术手段将成为现代教育环境下必然的选择。

三、信息技术与学科整合的实施

（一）以先进的教育思想、教学理论为指导

以先进的教育思想、教学理论（特别是建构主义理论）为指导，将信息技术与学科课程整合，是为了实现彻底改革传统教学结构与教育本质，促进大批创新人才成长的目标。因此，信息技术与学科课程相整合的过程绝不仅仅是现代信息技术手段在各学科课堂教学中的简单运用过程，它必将伴随教育、教学领域的一场全面的深刻变革。运用建构主义理论做指导，对于我国教育界的现状特别有针对性——它所强调的"以学生为中心"，让学生自主建构知识意义的教育思想和教学观念，对于我国传统教学结构与教学模式是极大的冲击。建构主义理论是在20世纪90年代初期，伴随着多媒体和网络通信技术的日渐普及而逐渐发展起来的。可以说，没有信息技术就没有建构主义的"出头之日"，就没有今天的广泛影响，它可以对信息技术与各学科课程的整合提供最强有力的支持。

基于建构主义的教学设计以学生为中心，是进入20世纪90年代以后随着多媒体和网络技术的日益普及（特别是基于Internet的教育网络的广泛应用），才逐渐发展起来的。这种教学设计由于强调学生是认知过程的主体，是意义的主动建构者，因而有利于学生的主动探索、主动发现，有利于创造型人才的培养，这是其突出的优点。

（二）建构课程整合教学新模式

建构易于实现学科课程整合的新型教学模式。每位教师都应注意结合学科的特点，建构既能实现信息技术与课程整合，又能较好地体现新型教学结构要求的新型教学模式。模式的类型是多种多样的，若从最有利于创新人才培养的角度考虑，则有两种基于信息技术的教学模式，也就是能够实现信息技术与课程整合的教学模式，即"研究型"（或"探究型"）学习模式和"协作式"（或"合作式"）学习模式。

所谓研究型课程，就是按照学生认知水平的不同，将社会生活中学生感兴趣的问题以主题活动的形式提出，来完成学科课程的目标。学生通过主体性、探索性、创造性地解决问题的过程，将多个学科的知识、学问性知识、体验性知识、课内知识与课外知识相结合以及学校与社会相结合，最大限度地促进学生身心和谐统一发展。

（三）高度重视学科教学资源建设

没有丰富的高质量的教学资源，就谈不上让学生自主学习、自主发现和自主探索，教师主导课堂，学生被动接受知识的状态就难以改变，创新人才的培养就会落空。重视教学资源的建设，并非要求所有教师都去开发多媒体素材或课件，而是要求广大教师努力搜集、整理和充分利用因特网上的已有资源。在确实找不到与学习主题相关的资源的情况下，有必要由教师自己去进行开发。注意运用"学教并重"的教学设计理论，来进行课程整合的教学设计，使计算机既可作为辅助教学的工具，又可作为促进学生自主学习的认知工具与情感激励工具。

（四）创建新型教学结构

为了推进我国教育的深化改革，必须明确教育教学过程的本质，在先进的教育科学理论的指导下，把改变传统的以教师为中心的教学结构，创建成既能发挥教师主导作用，又能充分体现学生主体作用的新型教学结构（"学教并重"教学结构），信息技术与课程的整合应该紧紧围绕新型教学结构的创建这一中心来进行，不能把整合变成技术与学科教学的简单叠加。最理想的办法是将"以教为主"的教学设计和"以学为主"的教学设计结合起来，互相取长补短，形成优势互补的"学教并重"教学设计理论，以适应新型教学结构的创建要求。在运用这种理论进行教学设计时，应当把信息技术作为促进学生自主学习的认知工具与情感激励工具，并要把这一观念牢牢地、自始至终地贯彻到课程整合的整个教学设计的各个环节之中。

四、教学设计的基本要求和策略

（一）信息化环境教学设计的基本要求

信息化环境教学设计要求能充分发挥信息技术作为学习过程中的认知工具的作用，能体现以教师为主导，学生为主体；能满足个体的需要，使学习具有个性化；学习方式要以问题为中心，以任务来驱动；学习过程要有充分的讨论、交流、协商、合作的机会，学习具有创造性和生产性。

（二）信息技术与课程整合的基本策略

第一，创设情境，观察分析。利用信息化学习环境和资源创设情境（包括自然、社会、文化、各种问题情境以及虚拟实验环境），培养学生观察能力、思维能力。

第二，利用资源，自主探究。利用信息化学习资源，借助其丰富内容，由多媒体呈现，培养学生自主发现、探索的学习能力。

第三，虚拟实验，科学探索。借助人机交互技术和参数处理技术，建立虚拟实验环境，培养学生积极参与、不断探索精神和科学的研究方法。

第四，网络通信，协商学习。利用网络化学习环境和资源，组织协商活动，培养合作学习精神。

第五，语文表述，意义建构。利用信息化学习环境和资源，创造机会让学生运用语言、文字表述观点思想，形成个性化的知识结构。

第六，创作实践，知识重构。利用信息化学习环境和资源，借助信息工具平台，尝试创造性实践，培养学生信息加工处理和表达交流能力。

第七，网上测评，自我评价。利用信息化学习环境和资源，提供学习者自我评价反馈的机会。通过形成性练习、作品评价获得学习反馈，调整学习的起点和路径。

五、信息技术与课程整合的原则和特点

信息技术与课程整合的原则和特点是：强调学科的交叉和综合能力的培养，倡导任务驱动式的英语教学方法，将信息技术作为学生的认知工具，教学目标要将能力培养和知识学习相结合，应用双向互动教学模式，使个别化学习与协作学习和谐统一。

（一）将信息技术作为"教"与"学"的工具

信息技术与学科课程整合，是为了改革教学方法，促进教学质量和学习质量。要想从根本上真正解决这个问题，教师必须从教育的主角抓起，并将内因（教师自身素质）和外因（教师的教学方法）一起抓。"知己知彼，百战不殆"，要想成为一名成功的教师，就得有扎实的教学功底，有迎接各种挑战的能力，否则成功只能是句空话。"知己"是容易的；在"知彼"方面，教师要了解学生，教师教学成功与否，也只有在学生身上体现。教师要主动了解学生的心理状况，学习态度如何，学习方法是否得当，学习环境是否适合；除此之外，还要熟悉学生的年龄、性格、文化背景、教育基础。只有了解这些因素，在教学过程中才能有针对性，不脱离"群众"，更能体现有的放矢，使教学游刃有余，而后达到"百战不殆"的效果。

（二）从"以教师为中心"走向"以学生为中心"

以学生为中心的教学优势在于敦促学生主动地接受新知识，反馈学生的学习进展情况。在以学生为中心的教学过程中，把主动权交给学生，让他们活泼、灵活地去思考，改变过去只有被动接受的状况，勤于思考，成绩显著，有了学习的乐趣，信心也就更足了。教师应该剔除过去那种以分数为本的教学要求，敢于大胆创新，快速研究出一套行之有效、切实可行的测试方法，既能测出水平，又能反映效果，提高学生学习的积极性，真正改变以考试为本的错误观念。教会学生利用丰富的网上学习资源，掌握网上学习的方法，积极参与互动交流，具体落实并解决学习的问题，学习搜索引擎等网上资源、技术的使用，学习信息下载的方法及整理等。

（三）"以学生为中心"信息化学习的基本要点

以学生为中心信息化学习的基本要点有三方面：活动——在信息化环境中实施教与学活动；资源——把学习内容转化为学习信息资源；重构——利用信息工具让学生对知识进行加工和重构。在真实世界里，学生从教师、同学那里获取信息；在文字世界里，从课本、书报、杂志里获取信息；在虚拟世界里，从媒体与网站里获取信息。

总之，教师要始终清楚罗马不是一日建成的，任何事情都难以一蹴而就。教育信息化首先是一个教育问题，然后才是一个技术问题。现代教师只有孜孜不倦地学习，如饥似渴地汲取知识，运用现代教育技术，艺术地创造教学设计，优化课堂教学，才能在课内外培养学生的道德、心理品质和知识技能，像涓涓细流滋润学子的心田，让素质教育的春风吹绿现代教育的广阔天地。

第二节　高职英语网络化学习的理论基础与实验研究

一、网络化教学理论——参与理论

(一) 概述

参与理论是一种基于技术的网络学习模式,前提是有效的学习,技术的应用在于促进参与,强调有创造性的、有意义的和真实的学习活动。其基本观点是,学习者必须通过与他人的互动及值得的任务,积极参与富有意义的学习活动。从理论上讲,即使不使用技术,参与活动也可以实现,但是技术可以促进参与活动,这是其他方式难以实现的。参与理论并非直接来源于其他的学习理论,但与许多学习理论都有一定的联系,如协作学习、情境学习、基于问题式学习等。在强调富有意义的学习方面,参与理论与结构主义的学习观一致;在强调伙伴合作和学习群体方面,它与情境学习理论一致;在注重经验学习和自主学习方面,它与成人学习理论在本质上相似。

参与学习指积极的认知过程贯穿于学习者的所有活动,诸如设计问题、解决问题、进行推理、决策活动、评估活动等。学习环境和学习活动富有意义,能刺激学习者的学习兴趣。参与理论的出发点是:建立成功的合作群体,完成对于该合作群体之外的有意义的富有挑战性的任务。

(二) 基本原则

参与理论的核心思想是:创建协作小组,让学习者以小组为单位,相互协作完成真实的、有意义的项目。这一核心思想包含三大基本原则:相互协作原则、项目导向原则和真实性原则,指向互动式学习、创造性学习和可行性学习。

1. 相互协作原则

该原则强调协作精神,突出合作群体的交流、计划、管理和社会技能。协作学习的研究表明,在协作的过程中,学习者不得不阐明和表述他们的问题,这会促进问题解决方案的产生,同时协作也能增强。当学习者以小组的方式学习时,他们经常有机会与来自不同背景的学习者一起学习,这有助于对同一事物理解的丰富性和全面性。不同背景的学习者处于同一学习群体有机会相互交流,因而促进了多元交流的理解。

2. 项目导向原则

该原则强调通过完成具体的项目来掌握教学内容和实现教学目标。在学习过程中,学习者必须明确自己的任务(问题的领域),并且把学习的重点放在如何把知识应用于特定的情境。该原则旨在使学习成为一种有创造性的、有目的的活动,明确任务及任务的性质,学习者实施任务比单纯地回答教科书上枯燥无味的问题更有意义。项目导向的本质与基于问题式学习的本质相同,可以激发他们工作的积极性和主动性,因为他们知道他们的工作将被全班学生甚至整个世界所浏览；同时这也可以让学生把自己的工作展现给他们的朋友、同事，或者潜在的雇主。学习者通过确定任务的性质，成为自主学习者，这一点是传统课堂教学所没有的。

3. 真实性原则

真实性原则与许多高职院校所强调的"产学研计划"以及当前公司培训中的"服务哲学"是一致的。当学习发生在真实的情境中时，学习者学到的知识和技能会很容易地迁移到工作环境中。做真实的项目要比解决书本式的问题更能提高学生的满意度，因为学生能直接看到他们的工作对人们或组织的影响。此外，他们的努力也可以得到外界的认可和奖励，这一点远比分数更能激发学生的学习动机。真实性原则强调在学习的过程中的有益贡献的价值。学习者活动任务都有一个特定的"客户"，因此，这种真实的学习环境提高了学习者的学习积极性和成就感。

二、实验研究

目前还没有进行专门针对参与理论的实验研究，但是已有一些实验研究间接地验证和支持了参与理论，其中有一个是关于协作学习方面的比较研究，另一个研究是关于在线（虚拟）学习环境的研究。

（一）实验目标与平台

利用校园网、因特网以及丰富的教育资源库，通过教师科学地开发、设计，重新建构教学程序，使网络环境与英语学科教学内容有机整合，发挥和调动学生进行基于网络环境的英语学习的积极性和创造性，形成积极主动、和谐愉快的交互学习方式，并以形成性评价为主要评价方式，力求改变传统的教与学的方式和学习评价方式。

（二）实验设计与展开策略

实验采用"准实验设计"，类型为"不等控制组设计"。以每单元为话题（研讨项目），组织学生在课前利用网络平台查找资料、交流与单元学习内容相关的资料等，课堂上利用计算机网络平台以小组的形式呈现学习内容，课后展开进一步学习讨论，在网络上完成"电子作业"和小组之间的互评。教师根据学生的学习表现与网络作业对学生进行形成性评价。

贯穿高职英语课程精神，应以高职英语新教材为基础，有计划地指导学生进行网上学习，利用网络进行在线交互活动，从网络上寻找学习资源，利用丰富的网络资源解决学习中的具体问题，引导学生科学有效地利用网络资源自主学习、主动探究，形成以任务驱动的基于网络的学习习惯。学习者通过电子邮件、电话、传真或在线交谈等进行交流，共同完成任务。同时，教师也进行在线参与，促进学习者的学习积极性。网络技术专家的参与活动在于使教师及学习者的协作顺利完成。要参与并完成任务，学习者要首先确定合作对象，设计任务进程和分配任务，所有这些活动都涉及交流，所有的任务都有一个实际意义，与学习者的兴趣密切相关。通过有意义的任务活动，使学习者更快适应学习环境，掌握知识和技能，学会协作与交际能力，欣赏自己的劳动成果并得到某种职业上的认可。

（三）实验的组织与管理形式

1. 交互和参与

在网络课程中影响学习者交互和参与数量、质量的一个重要因素是教师参与的程度。教师经常性地在论坛上发帖子，或者通过 E-mail 与学生交流，能提高学生在网络课程中的参与程度。教师促使学生与学生之间进行尽可能多的交互，能通过以下几种方式来实现：让学生以小组的方式完成他们的作业，让学习者相互评价和面向全班做报告，让学生把遇到的问题提交给全班同学等。

2. 及时反馈

一方面，教师对于学生的作业、问题或者论坛上的帖子做出及时的反馈。个人反馈可以通过 E-mail 和 FTP；小组反馈可以通过 BBS，或者先归纳汇总每个人的提问，然后开一次有确定主题的在线研讨会。教师应努力做到有意义的反馈，给予学生他们想要的对于作业的实质性评论，而不是简单的"很好"，反馈过程中教师指出学生"反映"中的强或弱的地方和存在的问题，或者给学生进一步思考或调查的建议等。在实验过程中注意其他策略的运用：更多地依靠学生之间的相互评价，教师监控和指导这种评价过程；为一个小组提供反馈信息（一对多）；创建一个页面解决经常出现的问题；对于大班来说，使用教学助手。

3. 基于项目的在线合作学习

结合因特网和交互协作的优点，使多个个体积极创建知识共享，使协作组摆脱困难并通过集体努力获得成功经历。笔者利用"天空教室"网络平台在学院实验班学生中开展网络主题探究活动，在学生之间、学生与教师之间开展电子邮件交流活动，探讨如何将计算机技术和网络资源整合于高职英语教学。基本流程是：教学目标呈现—集体讲授（课堂教学）—小组合作活动—测验—评价和奖励。

合作学习的教学目标既包括学术性目标，也包括了合作技能目标；既包含认知领域，也包含了情感领域（如相互尊重、相互帮助、荣辱与共等）的教学目标，兼顾教学的集体性与个体性，采用班级授课与小组活动相结合的教学组织形式。

（1）交互性的学习

学生利用现代网络技术所提供的丰富学习资源进行学习活动，提高了学习兴趣与学习成绩。网络化学习的交互性特点有利于开拓学生的思维，锻炼学生运用技术手段探究问题、解决问题的能力。学生之间的交流、人机之间的交流、师生之间的交流，消除了紧张的心理，轻松的学习环境有利于学生积极性的培养，学生的参与意识得到普遍加强。

（2）开放性的学习

网络学习环境的开放性培养了学习者良好的素质和学习风格，学生进一步成熟，能够自律。学生的自我监控学习能力不断提高，基于网络的学习活动，特别是小组讨论、博客、BBS 等，使学生的知识面得到拓展。大多数学生能进行主动意义的自我管理和自我调节，能对学习内容进行主动归纳，实现对知识、技能、情感态度等内容的主体性建构。这样，有效地提高了学生的综合语言能力，提升了学生的学习能力和可持续发展的能力。

（3）教师与学生的角色转变

通过寻求对学生"学"的方式变革形成了教与学整体改革的契机和思路。教师的基本职能从"授"转换到"导"，如引导、指导、诱导、辅导和教导，成为方法的牵头人、问题的策划者、学习的导师。教师基本任务转化为：开发课程，设计学生职业能力发展方向；加工信息资源并采用合适的方式提供给学生；策划和设计学习过程和学习情境，选择实现目标的最为恰当的方法，把握学习小组工作的方向。

从学生的角度来看，确立了学生的主体地位。基于网络的实验教学以"学"的活动作为教学改革的切入点，学生学习方式的变革推动了"教"的改革和教学质量的提高，体现了对学生主体地位和能动性的认可和尊重、对学习活动独立价值的重新审视与评价。本质上，教育理念基本上实现了从"以教为本"到"以学为本"的转变。

实验过程中英语教学以学生为主体、以育人为根本、师生平等互信、教学氛围民主和谐。教师深入实际的指导、积极主动学习理论、精心设计研究课等都很大程度地提高了教师专业素质。

（4）净化了网络环境

因特网常常充斥着一些不健康的内容，对学生有负面的影响。专门的网络学习平台如"天空教室"平台自然屏蔽了因特网上不良广告、信息、声音或图片，净化了学习环境，有效防止了一些不健康内容污染学生的学习领地。

4. 存在的问题

网络教学缺乏课堂上教师与学生面对面进行教学的气氛，缺乏师生情感上的"教学场"。从心理学角度看，学生由于不能与教师面对面交流，情感上会出现孤独或失落等感受。

教师注重学生主体作用的发挥，容易忽视了对学习方法的指导。学生的学习有时依然处于被动状态，依赖性强，离开了教师还是不会学习，这在某种程度上也制约了学生主体作用的发挥。学习者往往受制于视觉、听觉的新奇刺激，具有"蜻蜓点水"的意味。学生在自主随机访问的条件下，有时会出现"空中迷失"，少数学生干脆去无意义地聊天。

学生学习问题的解决即反馈不及时。由于基于网络的学习存在同步或异步的差异，网络的即时性并不能随时实现，会因为师生在线时间、网络传输速率等因素，学生的学习问题并不能完全得到及时的解答。

课题实验的成果得到了学院、教师和广大学生的认可，新的学习理念与方法起到了良好的示范与辐射作用。参与理论强调有意义的和在现实世界中的学习活动，这与我国教育教学改革的主流趋势是一致的。对于网络教育来说，由于师生在时空的分离和学与教在时空上的分离，鼓励和强调学生和教师参与网络学与教的确是一个很重要和很关键的问题。如果网络教育中，学生和教师都能够积极参与教与学的活动，网络教学的质量就能够保证。参与理论的不足之处主要体现在：在强调相互协作的同时，容易忽视学生独立自主学习的重要性以及相互竞争对于学习的积极作用；在强调项目或任务的社会性、生活性和真实性的同时，容易忽视基础知识的重要意义。

第三节　基于网络资源的英语学习模式实验

近年来的研究多着重于网络技术在英语课堂教学过程中的运用或者二者之间的整合，对于指导学习者运用网络资源进行课后学习或复习的相关研究仍然很少。为此，有必要探索一条既符合现代网络学习特点，又能大幅度提高学习效果的途径。

一、理论基础

利用网络资源积极改变学习者的学习方式，以认知心理学和建构主义学习理论为指导，改变以往盛行的事倍功半的题海战术的学习巩固方式，加强教师的指导作用，引导学生采用体验式和探究式学习方式。

（一）认知结构主义理论

建构主义认为：知识不是通过教师传授得到的，而是通过学习者在一定的情境下，借助其他的帮助，利用学习资源，通过意义建构的方式获得的，教师只是活动中的指导者和参与者。这种学习有利于学习者形成对概念的多角度理解。学生对知识的建构是受社会性相互作用影响的。学生之间的相互交流会影响学生对知识的建构，相互交流能促使每个学生从多个角度来建构知识。

（二）参与理论

参与理论认为：学习者的学习是通过交互方式完成有一定任务的、有意义的学习活动。它强调有意义的学习，这和建构主义不谋而合。同时，参与理论强调协作式的学习方式，认为学生积极的学习动机基于有意义的学习环境和活动探究。

（三）人本主义理论

人本主义的核心是从心理学的角度对学习过程中的完整的人予以充分尊重与重视，重视学习者内在自我的发展，倡导着重于过程的学习，强调学习自主性的培养。人本主义教学法认为：关注过程就是要从学习者的角度考虑课程或大纲内容是如何被传授和学习的，考虑怎样把学习内容和学习者的生活直接联系起来；教师的任务不是决定学生应该学什么，而是去发现并创造一种有利于学生能自由学习并成长的氛围。人本主义教学法主张以学习者为中心，注重情感因素。

二、网络环境下英语学习的特点

因特网不仅具有巨大的语言和文化学习资源库，而且是最大的跨文化交互学习网络。交互是学习过程中的关键因素。

（一）实践性

教师鼓励学生发现和提出问题，引导学生运用已有的知识和经验设计解决问题的方案，培养学生发现问题和解决问题的能力。在网络环境下的学习形式是，教师指导学生利用多种途径获取信息，判断和识别信息的价值，并通过探究自己得出结论。

（二）主动性

学生身处信息技术和共享资源环境中，学习方式由被动学习转向主动学习。因为网络的交互特点容易激发学生的兴趣，从"以教师为中心、书本为中心"中解放出来，减轻了学习负担。学生在这种学习状态的变化中，逐步形成自主学习的意识和习惯。

（三）开放性

由于网络广泛的覆盖和实时的交互能力，学习者的活动完全不受时间、地域等的限制，可根据自己的需要，利用极其丰富的学习资源进行筛选、探索和整合，从而形成自己对知识意义的建构，而且能够鼓励更持久的英语学习。

（四）虚拟性

网络学习环境最重要的特征是虚拟活动。虚拟现实技术提供的虚拟学习环境，可以让学习者通过系统自由获取图、文、声并茂的视频窗口和丰富多彩的相关资料。学习者可以通过BBS和聊天室等参与多种形式的学习活动，如学习讨论、主题辩论、在线答疑等。

三、网络英语学习实验思路与过程

（一）网络英语学习模式的基本思路

为了引导学生高质量地自主学习，较好地完成知识意义的建构，笔者根据学习者需求首先建立了一个网络平台——英语学习的网站，再将其他有意义的相关的学校、教师或学生个人建设的简易型或专业型英语学习主题网站、网页进行链接，形成一个较为完整的、并不断更新的资源库。

为了保证实验的顺利进行，除了提供一个清晰而连贯的网站系统资源外，还根据具体需要，配备了一位频繁地、建设性地与学生互动的教师，确保沟通渠道的畅通，挖掘互动的潜力。

（二）网络英语学习实验

1. 实验假设与条件

本实验设计运用以基于网络的英语学习平台，优化学生对课堂知识巩固以及扩大知识面，使学生掌握知识、发展能力、提高学习兴趣和效果，以达到整体优化的目的。在进行实验设计时，充分考虑利用实验假设手段，对实验设计进行有目的的检测，在收集数据时做到有的放矢。

2. 变量设置

进行实验性研究不仅要弄清研究对象的特征，而且要了解各特征之间的关系，从中找到规律。变量设置的主要目的是进行多种学习方法的对比研究。本实验课题的变量主要探讨基于网络的英语学习对学习效果的影响。

自变量：本课题重在检验基于网络的英语课后复习与英语学习效果的关系。

因变量：指学生通过接受现代学习方法进一步增强学习兴趣，掌握知识，培养语言的能力，提高学习成绩和学习时效的一种变量设计。

3. 实验步骤

（1）实验准备阶段

主要进行网络学习方法介绍、设计实验方法、准备网络英语学习平台的建设、学生计算机基本知识技能的培训等。

（2）重点实验阶段

对高职院校一年级学生进行等组实验，横向和纵向考察实验自变量和因变量的关系。

（3）总结提高阶段

收集实验材料，分析实验结果，撰写实验论文和终结性实验报告。为保证实验的信度和效度，采取了一系列措施来控制干扰变量。

4. 实验检测和评价

引导学生利用现代网络技术所提供的丰富的学习资源进行学习活动，避免了传统学习方式的许多不足之处，能提高学生的学习兴趣，有效提高学生学习成绩。同时也因其交互性的特点，有利于开拓学生的思维，锻炼学生运用技术手段探究问题、解决问题的能力。

从互动的角度来看，网络环境下，学生之间的交流、人机之间的交流、师生之间的交流，消除了紧张的心理，轻松的学习环境有利于学生积极性的培养，学生的参与意识加强。

网络学习环境具有开放性，要求学习者具有良好素质和学习风格，比如，学习者应该是成熟的学习者，能够自导、自律。在以网络为主的学习活动中，学习者的自我监控学习能力与总体学习收获之间有明显的相关。因此，对学习者管理学习的能力提出了更高的要求。

网络化学习有一定的优势，如灵活的时间安排、友好的交互界面等。基于网络的英语学习以及课后复习活动应充分体现学生学习的自主化和个别化特点，强调以学生为中心，同时也要对学生的学习进行适当的管理与监控、反馈，使网络的运用能够对学生的知识意义建构起到完善的支持和服务作用，更有利于学习者选择有效的学习策略，进行更为有效的网络学习。

第四节　基于网络平台的"工学结合"项目化教学

一、工学结合人才培养模式

工学结合、半工半读，是近年来职业教育使用频率最高、最热门的话题之一。工学结

合又称为合作教育或与工作相结合的学习。世界合作教育协会的解释是:"将课堂上的学习与工作中的学习结合起来,学生将理论知识应用于与之相关的、为真实的雇主效力且通常能获取报酬的工作实际中,然后将工作中遇到的挑战和增长的见识带回课堂,帮助他们在学习中进一步分析与思考。"

第一,合作教育可以使学生将理论学习与实践相结合,从而加深对自己所学专业的认识。第二,工作与学习交替使学生看到了自己在学校中学习的理论与工作之间的联系,能提高他们理论学习的主动性和积极性。第三,学生在合作教育的过程中跳出自己的小天地,与工作人员接触,加深了对社会和人类的认识,体会到与同事建立合作关系的重要性。第四,合作教育为学生提供了通过参加实际工作来考察自己能力的机会,也为他们提供了提高自己环境适应能力的机会。学生们亲临现场接受职业指导、经受职业训练,了解到与自己今后职业有关的各种信息,扩大了知识面,开阔了眼界。第五,合作教育为许多由于经济原因不能进入大专院校学习的贫穷学生提供了经济来源和接受高等教育的机会。第六,合作教育使学生经受实际工作的锻炼,大大提高了他们的责任心和自我判断能力,变得更加成熟。第七,合作教育有助于学生就业的选择,使他们有优先被雇主录取的机会,其就业率高于未参加合作教育的学生。

二、项目化学习

(一)基于项目学习的特点

20世纪70年代以来,项目课程是国际职业教育课程改革的主要趋势。美国教育专家归纳出基于项目的学习具有以下特点:第一,围绕着问题和项目来组织课程。第二,让学生作为风险承担者。第三,产生一个学习环境,老师在其中能够教导和帮助学生对问题深层次的理解。第四,脱离现有的短时间的、教学分离的、以教师为中心的课堂教学方式。第五,强调学习活动应该是长期的、以学生为中心的、和真实世界的问题和实践相结合。第六,帮助学生学会结合实际来使用他们的头脑,应用他们所学的,具有一定的技术素养,来获得21世纪所必需的技能和自信,如和其他人共同工作的能力、做出深思熟虑决策的能力、创新的能力、解决复杂问题的能力。

由于以前的职业教育课程结构来源于学科结构,所以在形成以项目课程为主体的职业教育课程结构时,必然要对课程门类进行重新划分。课程门类的划分要以工作任务之间的区别为边界,而不是以知识之间的区别为边界。学生通过基于工作过程的不断学习,学到了具有普适性的工作思路,随着学习的不断深入,所能完成的工作任务越来越多,越来越综合,于是学生的职业行动能力培养目标得到实现。

(二)工学结合培养模式下的项目化学习

1. 培养目标

总体目标是以就业为导向,满足社会经济需求,培养具备良好的职业理想、职业道德的数以千万计的高技能人才和数以亿计的高素质劳动者。具体目标是培养符合行业、企业和社会需要的、具有较强实践能力与理论素养的、技术型或技能型人才，必须使受教育者能够独立自主地计划、运行和控制自己的工作任务。

2. 培养内容

培养内容是对知识—技能—态度进行整合，培养学生的综合职业能力。在专业设置、教学计划、教学大纲、课程设置、教材编写等方面进行教育与生产的结合，使培养内容既有针对性又有适应性，既能服务当前职业需要又能满足终身学习的要求。综合职业能力包括三方面能力：基本能力是从事社会职业活动所必须具备的基本、通用的能力，是作为一个现代职业人必须具备的基本素质和从业能力；专业能力是适应职业岗位的能力，是作为岗位技术人员必备的能力；关键能力是一种可迁移的、从事任何职业都必不可少的跨职业的能力，是学生适应社会发展、技术进步、岗位变换及创业发展等所必须具备的能力。

3. 培养方法

培养方法是以实践过程为导向，按工学交替型或工学并进型的方式，由用人单位和学校进行合作。在合作过程中，使企业参与教学过程，共同实施教学；让学生有效地参加生产和社会实践活动，进行顶岗实习，具备一定的经验技术、熟练的操作技能、解决问题和创新的能力，具备较强的动手能力和实践能力，实现教学与企业之间用人"零距离"。

三、基于网络环境的项目化学习

（一）课程体系特征

教育部《关于全面提高高等职业教育教学质量的若干意见》指出，高等职业院校要积极与行业企业合作开发课程，改革课程体系和教学内容；改革教学方法和手段，融"教、学、做"为一体，强化学生能力的培养；重视优质教学资源和网络信息资源的利用，把现代信息技术作为提高教学质量的重要手段，不断推进教学资源的共建共享，提高优质教学资源的使用效率，扩大受益面。

基于网络的项目化课程体系应具备以下几个特性：

1. 开放性

课程要与社会现实、学习者需求相适应，改变过时、陈旧的课程内容和课程结构，开发动态的具有"弹性"的课程体系。

2. 综合性

传统的学科课程体系，以学科为中心，形成了不必要的交叉、重复，这些问题必须通过课程综合化加以解决。

3. 能动性

课程体系应该是一个可变的组合，不同学习对象需要设置不同课程，并有机组合；同一类学习者也需要设置多种课程并有机组合；某一课程也需要形成理论知识、学习活动、能力培养等的有机组合。

4. 灵活性

网络环境下课程的学习者是主体，即学生可以用不同的思维方式、不同的学习形式，根据自身的基础条件、兴趣、个性选择学习的方法，调节达到目标的速度。

(二) 基于网络的学习

网络环境能提供一个逼真的问题情景。利用信息技术，通过文本、多媒体等多种方式去呈现问题，创设一个逼真的、尽可能接近现实生活的问题情景，不仅可以激发学生的兴趣，还可以使学生从多方面、多角度、多渠道去认识该问题，从而对要解决的问题有一个比较深刻的理解，便于后来的探究和学习。

网络协作平台便于交流协作。利用网络协作平台或各种交流通信工具，如 QQ、电子邮件、视频会议系统等信息传递的即时性，能加快学生之间的协作、交流的速度。网络可以跨越地域和时间的限制，允许不同学习背景、不同地区的学生组成学习小组，去探究同一问题。

网络环境中学习资源获取多样化。网络作为传输信息的载体是一个巨大的资源库。学生能通过搜索引擎查询到所需要的资料，也可以通过给教师或相关专家发送电子邮件来获取自己需要的信息和知识。随着动态网页技术逐渐趋向成熟，网络信息的交互性功能也变得更强大，学习资源的形式也变得更生动、感性。

网络环境利于教学的交往。网络环境在某种程度上消除了面对面时教师与学生之间的紧张心理，通过网络通信工具拉近了师生距离。网络环境下，教师群体也相对扩大了，学生对于一个问题的探讨，可以和多个教师甚至教师群体外的专家直接联系，直接质疑。

(三) 项目化学习的实现步骤

教育部职业技术教育中心研究所姜大源教授认为：工作过程是完成一件工作任务并获得工作成果而进行的一个完整的工作程序，是一个综合的、时刻处于运动状态但结构相对固定的系统。尽管工作的方式、内容、方法、组织、工具均会发生变化，但完成工作任务的六个步骤——资讯、决策、计划、实施、检查、评估则相对固定。教师在教学中按照这六个步骤设计教学过程，让学生通过"获取信息、制订计划、做出决策、实施计划、进行检查、评估过程与结果"，在自己的实践中掌握职业技能、学到专业知识，从而整体、自我的获取经验且构建应用知识体系。

基于网络的项目化学习过程能够有力地实现工学结合模式的预期目标，启发学生的创新精神，大大增强了学生的职业岗位适应能力，培养了学生的团队协作精神、职业道德精神和人文关怀精神，强化了学生的责任意识；能够更好地培养学生的职业能力，提高学习效率，形成综合职业能力。专业设置市场化、课程设置模块化、教学内容职业化、教学组织灵活化、教学过程开放化、教学团队双师化、实训条件真实化、质量评价社会化等工学结合人才培养模式的特征能得到进一步体现。

第五节　公共基础课信息化教学及效果评价

一、国内外信息化教学发展现状

基于现代教育理念和现代教育技术的信息化学习方式研究，很早就已经在国外蓬勃开展。在我国高等教育领域，由国家级精品课程项目带动的网络课程建设蓬勃发展，积累了一些体现现代教育理念的基于网络的自主学习、合作学习、探究学习、混合学习的教学模式与方法及与之相关的资源建设与应用的经验。

纵观近年来发表于各类期刊的相关论文，讨论高等院校学生信息化的课程改革的论文数量，尚不能体现信息时代的网络化学习的趋势。在中国学术期刊网全文数据库或硕博论文库里以"信息化学习""公共基础课""教学模式""效果评价"等为关键词或摘要进行模糊匹配高级搜索，相关适用的数据显得很少。有调查显示，目前大多数高职院校虽然具备了网络、多媒体的技术平台，但是教学资源库的建设与开发、信息化学习模式研究等由于种种原因却有待进一步发展。

二、基础课信息化教学的意义及价值

（一）推进高职教育基础学科的长期良性发展

高职教育发展前景广阔，为了进一步实现劳动和社会保障部提出的人才核心能力培养，努力研究公共课培养学生核心技能的意义和策略，更圆满地实现"培养适应现代化建设需要的高技能专门人才和高素质劳动者"的根本任务，担负着培育学生职业核心能力重任的基础课程，呼唤着以现代教育技术为主线的信息化教学改革。

（二）探究高职院校课程学习新模式

基础课在高职院校基于核心能力培养的素质教育中占有重要地位，针对高职院校这一特殊层次学生的信息化学习模式的研究与探索，其迫切性尤其突出。在高等职业教育公共基础课与现代教育技术整合的大课程框架之下的学习模式研究，将致力于避免过去网络化探究式学习中局限于某一具体细节问题探讨而造成的资源与精力等方面的重复与浪费，摸索出一套实用性强、科学可行的基础课信息化学习资源库范式，使之有利于学生的个性发展，培养学生的核心能力。

（三）建构一种新的信息化学习文化

信息化学习是为了迎合信息社会的到来而适应信息社会要求的一种新的学习文化。这种新学习文化的特点是终身学习、自我管理的学习、协作的学习、主动的和自我完善的学习，具有开放性、灵活性和分布性的特点。对信息化学习平台的科学利用的拓展性研究，将有力推动公共基础课程教学改革，为基于核心能力的创新型人才的培养与为终身教育的实现打下坚实的基础。

三、基础课信息化的目标与内容

（一）信息化建设的目标

信息化建设与应用主要是指在信息化学习环境中，利用信息化学习资源，以自主学习、合作学习、协作学习等方式进行学习。立足于信息化资源共享平台，在信息化系统平台上建构公共课程资源库，并研究如何引导学生利用网络学习资源，实现网络学习的交互，通过意义建构的方式获得课程知识，是形成对知识或概念的多角度理解，深入探究信息化环境下学生的个性化学习与职业核心能力培养的途径。这将为加强高职院校信息化教学模式、教学策略、教学资源库建设与应用研究提供重要的借鉴与参考。

（二）信息化发展的内容

充分利用信息化水平很高的国家级精品课程、省级精品课程资源，开展信息化学习环境、信息化学习资源和信息化学习方式的行动研究。探究在多媒体计算机网络上运行多媒体、超文本、超媒体等材料的利用模式，通过各种在线学习、同步或异步学习方式利用、开发信息化学习资源。在基础课大课程观的前提下进行一系列的学习模式、评价手段的改革与探索。

具体内容包括如下方面：第一，信息化的研究性学习教改模式探究。第二，信息化动态自主—协作学习模式研究。第三，信息化环境下个别化自主学习能力培养教改模式研究。第四，信息化环境下学习质量评价（量规评价）实践研究。第五，基于信息化教学平台的利用与职业核心能力培养的效度研究。第六，信息化网络系统的资源更新与优化配置。

四、信息化教学改革思路与方法

（一）公共课教改思路

借鉴国内外信息化学习理论研究的进展，关注理论的原创因素；立足国内信息化学习资源建设与应用的实际，关注其面临的现实问题。紧密结合创新教学模式和信息化学习资源进行整合和应用，围绕公共英语等核心基础课程以及英语文化等选修课程，基于现有的信息化平台，完善既有各自学科体系特点又能交叉渗透、互相融通的信息化高职公共课程架构，充分利用网上资源进行教与学活动，提高信息化学习资源建设与应用实践中的效能。

在信息化资源共享的平台上进一步优化精品课程、网络课程的体系与课程结构。在教学模式的设计上，坚持"以学生为中心"设计学习形式，以学生活动为主要特征（如热点调查、专题研讨、问题解决、主题实践等）设计教学项目。依托公共课信息化教学资源，开展以教师为指导、以学生自主学习和研究为主线的探究式学习活动。在教学的时空安排上，打破传统课堂教学的封闭性，注重课内学习与课外学习相结合、个体学习与合作学习相结合、网络学习与教室学习相结合、课程学习与竞技学习相结合等多样化的学习方式，使学生能够通过多种途径获得相应的知识与技能，实现知识建构、能力锻炼、素质提升的教学目标，实现学习过程、感悟过程和核心能力培养过程的内在统一。

（二）信息化教学改革研究方法

不断完善资源库内容与结构，进行问卷调查与访谈，注意学习方式与习惯养成的观察，关注信息搜集与处理、与人交流等核心能力的实现方式，对学生学习过程以及学习表现进行客观评价，能够通过定量分析和定性分析，形成对信息化资源的建设与利用效度、信息化学习模式、信息化环境下评价方式和学生核心能力形成相关性结论。

研究过程中运用以下方法：第一，行动研究法。建设基础课资源平台，以部分班级为试点对象，利用机房、数学实验室、电子阅览室等软硬件设施，引导学生科学有效地利用网络资源自主学习。第二，调查研究法。通过问卷调查、观察、访谈，评价和修正教学设计和策略，使网络化的课程建构具有实践应用价值。第三，比较研究法。运用统计软件SPSS对实验结果进行定性、定量分析，发现问题，及时修正，不断完善课程建构。第四，文献分析法。广泛收集有关的文献资料，将现代教育技术理论和方法应用到高职院校基础课程的教学中，使网络化的课程建构具有理论基础。

五、公共基础课程信息化教改创新

（一）培养并提升学生的职业核心能力

信息化的学习模式，能调动学生的主观能动性。学生在教师指导下，在公共课信息化学习资源和研究型学习平台中主动地参与知识的发现与体验，自我分析、自我完善，使所学的知识内化为一种稳定品质，从而提高学生的核心能力和综合素质。

（二）实现教与学的融合

教与学双方在进行交流、沟通、探讨时，以学生活动为基本特征，改变传统的"灌输式"教学模式和学习方法。开放性的学习资源和研究型的学习平台为不同层次的学生提供了一个多样化、多元化的成才空间，激励学有余力、学有专长的学生超前发展，促进基础较弱的学生在学习中获得自信，得到相应发展，达到"以学生发展为本"的目的。

六、教学效果评价

为了引导学生高质量地自主学习，较好地完成知识的建构，教师的教学设计以单元为话题（研讨项目），组织学生在课前利用网络平台查找资料、交流与单元学习内容相关的资料等；课堂上利用计算机网络平台以小组的形式呈现学习内容；课后展开进一步学习讨论，在网络上完成"电子作业"、小组之间的互评。教师根据学生的学习表现与网络作业对学生进行评价。

在进行课程教学的过程中，坚持"以学生为中心"的形成性评价和发展性评价，将观测点聚焦于学生的平时表现，如对学生进行个案研究、访谈，鼓励学生课堂上积极提问、参与小组讨论，关注学生课堂学习时的精神状态和情感态度，创造轻松愉快的学习氛围。在指导学生进行自主学习的过程中，引导学生科学合理地利用多媒体、网络平台进行学习

活动,使学生逐渐形成信息搜寻与利用的能力。学生利用信息量大、资源丰富的网络化现代教育平台学习,良好的互动模式有利于培养学生的交流能力。

结合学生在网络平台上开展讨论的情况、网络学习的次数与时间等因素,对学生进行综合评价。学习总评为学生在整个学期成长过程中的表现、实践能力的形成状况、理论知识的掌握情况和期末测试等多方面的绩效评价。

学生利用现代网络技术所提供的丰富学习资源进行学习活动,提高了学习兴趣与学习成绩。网络化学习的交互性特点有利于开拓学生的思维,锻炼学生运用技术手段探究问题、解决问题的能力。网络学习环境的开放性培养了学习者良好的素质和学习风格,学生进一步成熟。学生大多数能进行主动意义的自我管理和自我调节;学生能对学习内容进行主动归纳,实现对知识、技能、情感态度等内容的主体性建构。学习评价方式的改革激发了学生学习的主动性,提升了学生的学习能力,有助于提升学生的可持续发展能力。

第六节 基于教学资源库的主题实践活动与评价

基于教学资源库的主题实践活动"以学生为中心",培养学生的创新意识和实践能力,是能充分体现学生主体作用的新型教学活动。主题实践活动的学习评价模式突出了过程性考核,处处体现出信息化学习环境下能力本位的评价特色。新的评价体系是以研究性学习为核心的主题实践活动正常开展的有力保障。

一、信息化环境下的教学资源库建设

信息技术对教育发展具有革命性影响,能促进教育内容、教学手段和方法的现代化。应充分利用优质资源和先进技术,加强优质教育资源开发与应用;加强网络教学资源体系建设;开发网络学习课程;促进优质教育资源普及共享;创新网络教学模式;鼓励学生利用信息手段主动学习、自主学习,增强运用信息技术分析解决问题的能力。

学生自主学习、自主发现和自主探索必须以高质量的教学资源库为依托。重视教学资源库的建设,是要求广大教师搜集、整理、利用并创新网络上的已有资源。在确实找不到与学习主题相关资源的情况下,有必要由教师自己去进行开发。教学设计注重"学教并重",使计算机既可作为辅助教学的工具,又可作为促进学生自主学习的认知工具与情感激励工具。

教学资源库的主要内容之一是网络课程。基于网络的、以超媒体形式表现的、以异步学习为主的网络课程是基于 Web 传输的、为完成某学科或领域的教学目标而设计、组织起来的相对完整的学习经验体系。

二、信息化环境下的教学新模式

高职教育要主动适应经济社会发展需要,在先进的教育科学理论的指导下,创新人才

培养模式，改进课堂教学方法，彻底改变传统的以教师为中心的教学结构与方法，开展以学生为中心的教学改革研究，培养创新性人才。姜大源教授认为，高职教学应开发过程导向课程、构建行动学习情境、完成教师角色转变、实施个性化教学形式。在现代教育技术迅猛发展的前提下，从最有利于创新人才培养的角度考虑，基于信息技术的教学模式即研究性学习模式值得进一步探究与发展。研究性学习就是按照学生认知水平的不同，将社会生活中学生感兴趣的问题以主题活动的形式提出，来完成学科课程的目标。学生通过主体性、探索性、创造性地解决问题，将学问性知识、体验性知识、课内知识与课外知识相结合，最大限度地促进学生身心和谐统一地发展。

信息化环境下教学新模式基本内涵是：第一，利用资源，创设情境。利用信息化学习环境和资源库创设情境，培养学生的观察、思维能力。第二，自主探究，意义建构。借助资源库的丰富内容，培养学生的自主发现、探索学习的能力；借助人机交互技术，培养学生积极参与、不断探索的精神。让学生自觉交流，培养合作学习精神，形成个性化的知识结构。第三，专题实践，培养能力。利用信息化学习环境和资源，借助信息工具平台，开展围绕某一专题的创造性实践活动，培养学生的信息加工处理和创新能力。第四，网上评测，自我评价。提供评价和学习者自我评价的机会。通过形成性练习、作品评价方式获得学习反馈，调整学习的起点和路径。

三、以主题实践活动为特色的教学改革

（一）基于教学资源库的主题实践活动

教学资源库成为不断更新的研究型学习平台。基于主题实践活动的研究性学习方式，创设了优质的探究性学习环境。现代网络平台、数字化图书馆、多媒体教室、微机房、语言体验中心、专题研讨室、视听室、会话活动室、阅览室、教师辅导室、表演舞台等为学生提供了一个全方位、循环式的由教师和众多媒体工具构成的丰富的真实互动的多维、仿真的学习环境。立体化的语言实践环境能够满足实践性教学的需要，提高学生的综合能力，如交际能力、自主学习能力、信息能力和终身学习能力等，能够进一步促进学生形成良好的学习习惯。学生可以利用网络在线自主学习中心，在电脑支持的环境下根据自身需要和学习风格选择学习内容，设定学习进度。教学材料还设有网上师生交流平台，可以实现网上答疑、网上批改作业等功能。

（二）主题实践活动教学设计

信息化环境下的教学设计能充分发挥信息技术作为学习过程中的认知工具的作用，体现信息化教学环境下的新模式；满足个体的需要，使学习具有个性化；学习方式以问题为中心，以任务来驱动；学习过程中有充分的交流、协商、合作的机会。经过仔细推敲，依据教材确定的主题活动项目有：①演讲活动；②社会调查；③专题研讨；④文艺表演；⑤观察作文；⑥课件制作；⑦资料收集；⑧写作表达；⑨交流讨论；⑩问题解决等。学习过程中，教师通过设计一些与课程相关的主题及问题，借助教学资源库和网络交互工具，让

学习者参与到一个有意义的真实任务中，在与同学的讨论、争辩、协商过程中建构出新的知识。通过增添新信息、解释、评价信息、迁移和总结等行为来实现知识建构。

(三) 主题实践活动评价方式

1. 基于教学资源库的评价模型

传统的课程评价，正如当代"教育评价之父"拉尔夫·泰勒所强调的："评价过程在本质上是一个确定课程与教学计划实际达到教育目标的程度的过程。"它关注的是一种静态的结果，忽视了过程的重要价值。基于资源库的学习评价重视对学习方法、能力及学习全过程的动态评价。评价反映学习中的事实，激发学生的学习积极性，对教学活动起指导作用。教学资源库学习环境下的主题活动评价，应该从主题探究过程中的共享/比较—发现/探究—协商/建构三个主要层次或维度建立评价模型。评价模型运用发展性的评价标准，关注对学生学习过程的测评，结合教师评价、学生自我评价及小组评价等多种评价方式开展测评，实现学习评价自主性与主体多元性相结合，有利于发挥学习评价在整个教学体系中的重要导向作用。

共享/比较：学习小组分享，讨论新的概念和明确概念的定义。包括问题提出、回答、问题明确等步骤。学生把事实和已有观点联系起来，进一步提出新的、深层次的问题。通过举例、评价、辩护、解释、比较、分析、因果分析和鉴定问题等方式来说明问题。

发现/探究：在学习过程中，学习小组发现和分析各种思想、概念或描述中与自己已有知识不一致的地方，深化对新问题的认识。具体包括解释、冲突、坚持等步骤，即基于事实和已有知识对新问题进行归纳和演绎，对其他小组的质疑进行维护、辩驳和说服。

协商/建构：学习者通过相互之间进行协商，进行知识的群体建构。包括协商一致、判断、反思及回顾等。持有不同观点的学习者相互进行协商，对出现的问题进行价值判断，反思及回顾学习成果。

2. 评价的内容与测量方式

评价中注意量化评价与质性评价相结合。在评价主体上，有教师、学生、评价专家和企业用人单位参加。主题实践活动过程中，以学生为中心。学生利用学习资源库，实施一个个完整的项目，其学习过程是培养高素质高技能人才的过程。在评价过程中，注意学生态度、情感等非智力因素发展，关注对学生职业素质与能力的养成等方面的评价。

实施形成性评价，科学全面地收集信息是评价顺利开展首先要考虑的问题。这些信息包括学生的日常行为记录、展示的作业成果、学生学习反馈、学生自己的评价信息、学习者之间的评价信息、教师的评价信息等。可以利用博客系统实现评价信息的收集，并作为各种评价方式开展的技术平台，从而对学生的学习过程进行监测。根据课程及评价要求，学生以班级为单位划分为多个学习小组。评价主要涵盖以下几方面：①学生主体性的发挥；②学生学习的兴趣提高，探索、创新精神的提升；③学生的综合职业能力的提升；④学生的合作精神，学生个性化特色的发展。"以学生为中心"的教学优势，在于敦促学生主动地接受新知识，更容易反馈学生的学习进展情况。

主题实践活动使用不同的评价量规。在课程评价实践中，量化评价因其高效而在评价实践中成为一种必不可少的手段。量规是一个评分工具，它为一个作品或其他成果表现列出准则，并且从优到差明确描述每个准则的水平。量规可以用来引导学生的学习过程，充当学习的"脚手架"。

3. 主题实践活动评价的特色

（1）重视学习过程与体验

传统的教学在学生学习评价方面重视的是学习结果，通常的形式表现为考试的分数。研究性学习评价也需要评定学习的结果，对学生的报告、论文、作品、制作进行评审，但是价值取向的重点是学生的学习与研究过程，更关注学生的学习方式、思维方式、知识整理与综合、信息资料的收集处理和判断等，重视学生学习的主动性、创造性和积极性的增长。

传统的教学中也运用社会实践活动的形式考核学生的学习体验与感受，但这不是评价中价值取向的重点。主题实践活动中，更关注学生在解决问题过程中对于一般研究过程、方法、原理等的体验。学生的研究过程本质上是一种实践过程。学生在实践中发展观察、思维、操作和表达等基本能力，获得大量的感性认识。研究性学习的评价强调学生体验的过程，也关注学生的责任感、自信心、进取心、意志力等自我认识的提高。

（2）重视学生的全员参与

传统的课程教学中虽然也鼓励学生主动学习。然而，由于学生个体差异的客观存在，往往事倍功半，评价中固定不变的价值标准压抑了学生学习的积极性。主题实践活动中，研究性学习的价值取向强调激发每个学生的学习潜能，鼓励学生进行不同层次的研究性学习，学生积极参与，学习具有明显的个性化特点。

（3）重视应用能力的培养

传统教学中尤其突出学生基础知识的掌握、基本技能的应用，侧重于在理解中的应用。而在主题实践活动中，研究性学习评价强调将基础知识和基本技能应用于实际问题的提出和解决，关注超越课本范围、来源于生活的有意义的问题，如环境保护问题、人与自然的关系问题等。学生在问题提出和解决过程中主动获取知识、应用知识，这样既能促进学生对知识价值的反思，又能加深对知识内涵的深入理解，生成新的知识网络和能力结构。学生主动探求、创新的能力会得到很大的提升。

基于教学资源库的主题实践活动强调以学生获取直接经验的形式，来掌握各项实践行动中的最新知识、技能和技巧，突出对学生实际应用能力的培养，特别注重培养学生创新意识和实践能力。因此，这种实践活动既能发挥教师的主导作用，又能充分体现学生的主体作用。进一步加强教学资源库建设，开展形式多样的主题实践活动，对于实现课程评价的全过程性和动态性，实现培养学生综合职业能力和素质这一终极目标意义深远。

第六章 高职学生英语学习阻碍机制与策略"协同"分析

第一节 高职学生英语学习阻碍机制

一、高职学生英语学习的内部阻碍机制

(一) 高职学生的英语学习态度

1. 关于态度

(1) 态度的内涵

态度是人们在自身道德观和价值观基础上对人或事物的评价和行为倾向。态度表现于对外界人或事物的内在感受、情感和意向三方面的构成要素。具体反应过程为内心的认知、认可、服从、反对、迷茫、不安。激发态度中的任何一个表现要素，都会引发另外两个要素的相应反应，这也就是感受、情感和意向这三个要素的协调一致性。一般来说，态度的各个成分之间是协调一致的，但在它们不协调时，情感成分往往占主导地位，决定态度的基本取向与行为倾向。

态度是心理学概念，是通过学习而形成的影响个体行为选择的内部状态。态度是一种行为的倾向性或反应准备状态，而不是实际反应本身，但又可影响行为发生的潜在因子。因此，态度主要影响个体对行为的选择倾向，表现为愿不愿意完成某项学习任务的一种心理反应倾向。态度与学习目的、学习努力程度、达到目的的愿望一起构成二语学习动机。

上述的态度主要是指英语语言和英语语言学习态度。语言态度是指不同语言或语言变体的说话者各自对他人的语言或自己的语言所持有的观点和看法，对语言表示出的积极或消极的看法可以反映语言的难易性、学习的难易性、重要性、语言品位、社会地位等。语言态度还可以表明人们对于操这种语言的人的看法和热爱程度。在影响英语学习的学习者诸因素中，态度和动机常融合在一起，甚至有人把态度等同于动机或认为态度是动机的一个组成部分。

在学习动机背后，支撑这种动力的是各种态度：对学习本身的态度、对第二语言文化的态度、对其使用者的态度。

态度与动机一样，虽然它们之间有联系，但是它们都是影响英语学习相对独立的个体

差异因素。

（2）学习态度

学习态度一般指学生对学习及其学习情境所表现出来的一种比较稳定的心理倾向，是学习者对学习持有的积极、肯定的或者消极、否定的反应倾向性。它也是个人对学习所有的一种内在的心理准备状态，态度一旦形成就具有一定的持久性和稳定性。学习态度影响着学生对学习目的、课程、学习方式等的定向性选择。对学习持肯定态度的学生，有较强的求知欲望，他们总是积极参与各种学习活动，自觉地学习，从而获得较高的学习效率。也就是说，学习态度形成之后，在一定时间内，对一定的对象表现出前后一致的比较稳定的反应倾向，因而他们的英语学习成为习惯性的反应行为。语言学界所研究的态度实质上就是指语言学习态度。

（3）态度的结构

①认知成分

指个体对学习活动或课程带有一种评价意义的观念、信念、认识、理解。例如有的学生形成了英语学习主要靠记忆和扩充词汇、掌握语法的认识体验后，他们对英语知识学习的态度也就难免偏重于语法。英语学习态度的认知因素是指对学习目的、意义的理解，对学习对象、学习内容和学习结果的评价。因此，基于对学习的正确理解，学习态度往往也是积极上进的，有明确学习目的的人就可能会有良好的学习态度；相反，对学习的错误理解往往相伴消极的、错误的、不求进取的学习态度。态度认知反映着学生对学习的价值的认识，是态度结构的基础，比较内隐，难以考量，但通常可从学生对待学习的注意状况或关注程度予以推定。

②情感成分

态度的情感成分是伴随态度的认知成分而产生的情感或情绪状态，即对某一目标的好恶程度被认为是态度构成的核心成分。由于情感本身就反映出学生外显的学习态度状况，因此，情感成分较认知成分更易观察和测量。学习者情绪的波动往往标志着态度可能正在或即将发生变化，甚至会引起意志的坚定性和学习行为的选择性的某些起伏性波动。英语学习者对课程内容、预期成就以及实际学习绩效的客观评价，对学习者的主观需要之满足，对学习结果的满意度，对待作业的态度等的情绪肯定有起伏或一些规律性变化。尽管如此，相对一个学段考察，英语学习者的态度情感状态是较为稳定的，要么肯定、喜欢，要么排斥、厌恶，否则就可能出现情绪中立状态，即无所谓喜欢不喜欢，也就没有态度情感应有的积极或消极效应。

现行的英语课程标准中，情感态度既是语言教学目标，更是语言教学的切入点。绝大多数学生实际上都能认识到学习英语的重要性，尽管他们无可奈何。因此，态度的认知和情感成分的最佳黏结是英语学习最直接最明显的动力源泉，教师以高度的教学激情感染学生旺盛的学习热情，有时比课堂教学本身更有效。

③意向成分

行为意向成分是指学生对学习的反应倾向，即行为的准备状态，准备对学习做出某种反应和选择冲动。也有把态度的意向成分称为行为成分的，即对某一目标的行动准备状态，也就是付诸实际行动的冲动或实际行动中的坚韧毅力。学习态度的意向因素是学习对象对学习活动的欲求和指向，主要以学生学习英语的时间投入、学习的努力和刻苦程度等几个可量化指标来考查学生的学习行为。

一般说来，态度的上述三种因素组成一个互相关联的统一体，学习态度中的认知因素是其情感因素和意向因素形成的前提，没有认知就没有情感，也无所谓意向。学习态度中的情感因素是认知因素和意向因素的动力，没有情感因素就没有认知因素的深化和意向因素的强化，因而情感因素是构成学习态度的核心要素。而意向因素则是认知因素和情感因素的集中体现，没有意向就没有行动，也就体现不了学习态度的效能。通常，态度认知、情感和意向因素之间互为条件，相互制约，协调一致，统一于态度行为之中，对学习效果发生共同影响。

关于态度的结构问题，除了上述三个方面的成分外，还有一个成分应该是协同成分。就是在学习中，学生在学习过程中要和教师保持协同，如果学生不能和教师保持协同，学生就会出现消极的学习情绪。

2. 英语学习的态度

（1）英语学习态度的界定

英语学习态度就是学生对英语学习的认识、情绪、情感、行为在英语学习上的倾向。英语学习态度与英语学习者的学习价值观有密切联系。英语学习态度与英语学习情绪有关，情绪本身就是态度，英语学习态度与英语学习表现是一致的，态度是内心的倾向，表现是外显的行为。

（2）英语学习态度的解读

态度是通过学习形成的影响个体行为选择的内部状态。态度是心理和神经的准备状态，它通过体验得以组织，对个人与此有关的所有目标和情形中所做出的反应而产生方向性和动力性的影响。态度一般指个人对事物或人的一种评价性反应，它是人内心对自身行为的选择和价值取向。在英语学习中，态度可从三方面来解释，即学习者对目标语人群和文化的态度，对学习行为本身的看法以及对来自其同种母语者负面影响的抵制力。

态度的主要特征：

第一，态度是认知的和感性的；

第二，态度是空间性的而不是两极性的——根据好恶程度而不同；

第三，态度使人易于以某种方式行事，但态度与行为之间的关联并不强；

第四，态度是学得的，而不是遗传来的；

第五，态度倾向于持续，但经历会使之改变。

3. 态度对英语学习的影响

态度从性质上来说，一般都能分成相互对立的两面，正面的态度对学习有促进作用，负面的态度则有阻碍作用。

(二) 高职学生英语学习的心理动机

1. 英语学习动机类型分析

（1）动机

动机是激励人去行动的内部动因和力量（包括个人的意图、愿望、心理冲动或企图达到的目的等），它是个体发动和维持行动的一种心理状态。一个人的动机总是同他满足自己的需要密切相关。学习动机还可以叫学习的坚持性，动机具有启发性、选择性和目的性。动机可使我们从厌烦转为感兴趣，它就像机动车上的发动机和方向盘。动机本身包括三方面内容：对待学习英语的态度，学习这种语言的愿望和为学习这种语言付出的努力。如果学生真正有了动机，这三个方面都包括在内。英语学习者的动机是英语教育工作者所关心的一个问题，英语教育工作者把学习动机列为教育学生所面临的最重要的问题。

（2）英语学习动机

英语学习动机是人类行为学习的动机之一，它表现为渴求英语学习的强烈愿望和求知欲，它是直接推动英语学习的一种内部动因，是英语学习者在英语学习活动中的一种自觉能动性和积极性的心理状态。加德纳认为，英语学习动机应包括：目的、学习的努力程度、达到学习目的的愿望和学习态度。有动机的英语学习，其效果极好，而无动机的英语学习，往往把英语学习视为负担，学习效果不佳。英语学习动机是直接推动英语学习者进行英语学习以达到某种目的的心理动因。它是一种广泛的社会性动机，不同的社会和教育对英语学习者的学习要求不同，反映在英语学习者头脑中的英语学习动机也不同。

①英语学习动机的类型

学习动机是指促使学生去学习以达到学习目的的内在动力。学生的学习动机并不是单一结构，而是由各种心理动力因素，包括学习需要，学习兴趣，对学习目的、意义的理解，学习态度和学习习惯等构成的完整的动力系统。概括地说，学习的内在需要和外在诱因是构成学习动机的基本要素。学习动机具有启动、维持学习活动的功能，指向学习目的的功能，调节、强化学习行为的功能。英语学习动机从不同的角度划分，有多种类型。

②融入型动机和工具型动机

从社会语言学的角度出发，英语学习的动机可分为工具型动机和融入型动机两种，这里主要介绍工具型动机。

工具型动机的学习者希望通过利用第二语言达到自己的目标，侧重"学习一门新的语言的实际价值和好处"。

工具型动机强调学习英语的某些实际目的，而没有要和英语社团进行交际的特殊目的的需要。工具型学习动机的主要特点是无持久性、有选择性，如为阅读科技文献、翻译资料、找工作等而学英语。一旦学习者认为工具的目的已经达到，动机便立刻消失。心理学家认为，融入型学习动机所取得的效果要远远好于工具型学习动机。但有时也并非如此，具有工具型学习动机的学生也能学得很好。这类英语学习者其学习英语的目的就是如何利用英语工具去寻找工作，改善自己的社会地位和资格等，他们特别强调语言的实用性。

融入型动机和工具型动机目前被视为影响英语学习的重要因素，也是英语学习研究得

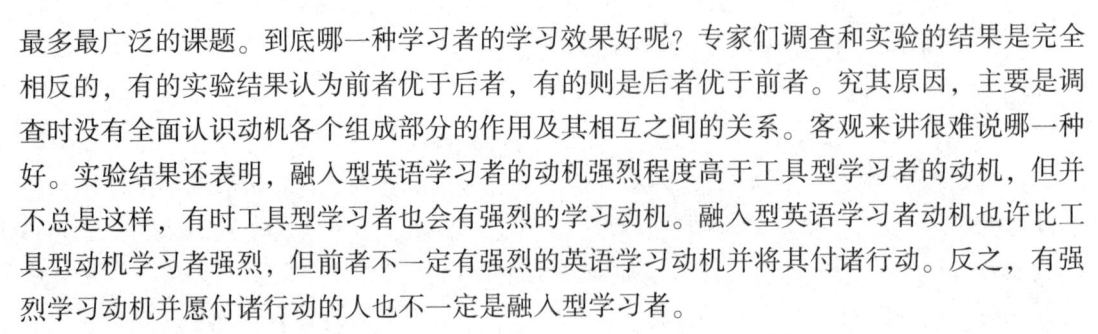

最多最广泛的课题。到底哪一种学习者的学习效果好呢？专家们调查和实验的结果是完全相反的，有的实验结果认为前者优于后者，有的则是后者优于前者。究其原因，主要是调查时没有全面认识动机各个组成部分的作用及其相互之间的关系。客观来讲很难说哪一种好。实验结果还表明，融入型英语学习者的动机强烈程度高于工具型学习者的动机，但并不总是这样，有时工具型学习者也会有强烈的学习动机。融入型英语学习者动机也许比工具型动机学习者强烈，但前者不一定有强烈的英语学习动机并将其付诸行动。反之，有强烈学习动机并愿付诸行动的人也不一定是融入型学习者。

③内在动机和外在动机

内在动机是英语学习者内部因素在起作用，内部学习动机是由学习者对学习的需要、兴趣、愿望、好奇心、求知欲、理想、信念、人生观、价值观及其自尊心、自信心、责任感、义务感、成就感和荣誉感等内在因素转化而来的，具有更大的积极性、自觉性和主动性，对学习活动有着更大、更为持久的影响。英语学习的目的在于获取英语知识，他们对英语学习感兴趣，对英语学习活动本身就能获得满足。认知心理学强调，人类天生具有追求知识的愿望，并会不断地追求其意义和去理解周围的事物。在英语教学中要设法调动内部动机，使学习者内部发生根本性变化。

外在动机指英语学习者受到外力推动，不是主观因素在起作用，是由外部诱惑物激发，是由外在诱因，诸如社会的要求、考试的压力、父母的奖励、教师的赞许、伙伴的认可、获得荣誉称号和奖学金、求得理想的职业、追求令人向往和称羡的社会地位等激发起来的，表现为心理上的压力和吸引力，因而外部学习动机也是学习动机总体结构中的主要组成部分。高职学生的英语学习是受到外部情境支配而不得不学习英语，如学习英语是为了文凭、高分数、升学、晋级、受表扬、不受批评、别人的赞许和压力等，它是由英语学习者以外的父母、教师或其他人提出的。由于外部学习动机受外在诱因的影响，是随着外部条件的变化而变化着的，因而与内部学习动机相比，它具有较强的指向性和较大的可变性，诱因发生了变化，外部学习动机的强度也随之变化，如果得不到及时有效的调节，则有可能表现为患得患失，影响学习效果。其英语学习的目的并非获取英语知识本身，而是英语学习成就以外的外部奖励，从而赢得自己的自尊心。我们可以利用外部动机鼓励学生学好英语，但必须注意，外部动机不是出自学习者本身的兴趣。因而，一旦外部因素消失，学习者很可能放弃英语学习，所以一定要充分调动学习者的内部动机。

④主导性学习动机和辅助性学习动机

依据学习动机动力作用强度的大小，可分为主导性学习动机和辅助性学习动机。通常，学生的学习动机总是由主导性学习动机和若干辅助性学习动机构成的动机体系。主导性学习动机动力强，起主导性作用；辅助性学习动机动力弱，起着次要、从属和辅助性作用。主导性学习动机随着学生的成长而变化。比如大一的学生，其主导性学习动机可能仅仅是得到教师和家长的夸奖，高年级学生学习的主导性动机却是获得优异成绩，以便找到一份好的工作。一般来说，在某个学年段，主导性学习动机只有一个，而辅助性学习动机则可能有若干个。比如，争取好的考试成绩，得到赞赏，得到奖学金，争当三好学生、优秀学生干部，树立或改变自己在群体中的地位等，均可成为辅助性学习动机，而以优异的学习成绩进入一个好的公司可能始终是高职学生的主导性学习动机。主导性学习动机和辅助性学习动机，只要其动力方向一致，符合社会要求，有利于身心健康成长，就是有意义的，就应当被充分地肯定和鼓励。

⑤远景性学习动机和近景性学习动机

远景性学习动机与学习活动本身没直接联系，具有间接性特点。它强调学习活动的结果和价值，与英语学习的社会意义相联系。它有力地影响着学生学习英语的自觉性和主动性。这类动机与比较长远的活动结果相联系，其稳定性强，不易动摇，能在较长时间内起作用。

近景性学习动机与学习活动有直接联系，具有直接性特点，主要由学习活动本身直接引起，主要表现为对英语学科内容或学习活动的直接兴趣，是由学习者在学习过程中获得的体验和结果引起的。它可能是由教师和家长施加压力、奖惩引起的，也可能是由同学间的竞争引起的。这类动机主要由好奇和认知的需要引起，它起作用的范围比间接的远景性学习动机要小得多。如有的学生觉得英语有趣而喜欢英语课而不喜欢其他课，这类动机比较具体、强烈而有效，在校阶段表现更为突出，一旦形成，往往对学习者产生很大影响。但是近景性学习动机的动力作用具有暂时性和不稳定性的特点。

⑥英语成就动机

成就动机是英语学习的主要动机，它是指英语学习者愿意去学他认为很有价值的英语，并力求把它学好，取得成就，取得好成就后又会进一步强化他的成就动机。成就动机主要是由不同的内驱力构成认识内驱力（好奇的内动力）、自我提高内驱力和附属内驱力。认知内驱力主要是从好奇开始的，好奇常常会导致探究和追求环境刺激行为，所以好奇会产生求知欲望。它是一种指向学习任务的动机和求知的愿望。这种内驱力与英语学习的目的性和认知兴趣有关。英语学习者在课堂上获得好成绩，而这些学习经验又会使他们期望在今后的英语学习中取得更好的成绩，从而得到满足。这种动机也叫内部学习动机，实验表明这是一种在英语学习中最重要和最稳定的动机。

2. 高职学生的英语学习动机

在以上的论述中我们知道：英语学习动机是直接推动英语学习的一种内部动因，是英语学习者在英语活动中的一种自觉能动性和积极性的心理状态。学习英语的动机包括四个方面：学习语言的目标；学习中做出的努力；实现目标的愿望；对学习的热爱程度。在心理学中，动机是指引起个体活动，维持已引起的活动，并使该活动朝向某一目标的内在历程。

二、高职学生英语学习的外部阻碍机制

（一）教学环境概述

1. 关于教学环境

从教学论的角度来看，教学环境是教学活动必须凭借的一个重要因素。在教学实践中，教学环境对教学活动的顺利进行，对学生身心的健康发展都有极其重要的影响。教学

环境是一种能塑造和强化学生行为的重要力量。深入了解教学环境这一重要教学因素在教学活动中的功能和作用以及它影响学生身心发展的内在机制，有助于我们更好地探索教育规律，提高教学质量。

教学环境是一个由多种要素构成的复杂的整体系统，它对学生学习过程中的认知、情感和行为产生着潜在的影响，对教学活动的进程和效果施加系统干预。可以说，教学环境的优劣在某种程度上决定着教学活动的成效。为了最大限度地发挥教学环境的正向功能和降低其负向功能，实现教学环境的最优化，就必须对教学环境进行必要的调节控制，教学环境要有利于学生身心的健康发展和教学活动的顺利进行。

学校环境是一种特殊的环境，它之所以特殊，是因为它是按照发展学生的身心这种特殊需要而组织起来的环境，这也正是学校教学环境有别于其他各种环境的根本标志。适应学生身心发展的特点，是调控优化教学环境的一个基本出发点，同时也是检验教学环境是否良好的一个重要标准。

教学环境的优化不仅要考虑到对整体环境的宏观控制，如校园规划、校风建设等，同时也要注意对局部环境的微观调节。课堂教学环境是学校教学环境的一个重要组成部分，优化课堂教学环境是学校教学环境中一项最为经常和重要的工作。教师要根据教学情境变化的需要对各种课堂环境因素进行必要的调节控制，以使课堂环境保持有序、稳定的良好状态。

2. 创设良好英语教学环境的必要性

作为国际交流中最常用的语言，英语人才的数量和要求都在逐步提高。日益增长的需求与变化的形势，为英语教育的发展提供了新的契机，对英语教育提出了更高的要求，英语教育面临前所未有的新形势。

语言环境即语境，是人们用语言来表达思想感情的背景，具体到英语教育，语境是指使用英语的环境与和英语有关的环境。语言环境是英语学习的重要方面。语言环境分自然环境与创造环境。自然环境是指使用英语的国家和地区。创造环境是指在非英语国家学习英语所需要的人为环境，如英语课堂、英语角、英语影片、英语广播节目等。英语语言环境的本质是耳濡目染，自觉参与，反复练习。母语语言环境与生俱来、得天独厚，而英语学习语言环境却需刻意创建、人为打造，因此用心创造良好的英语语言环境成了英语教育成功的必然选择。

3. 教学环境优化的原则

（1）注重教育性原则

教学环境是培养人的场所，环境中的各种因素都可能对学生的精神世界产生潜移默化的影响，这里的教育性原则，就是要求教学环境的一切设计、装饰和布置都必须有利于启迪学生的思想，陶冶学生的情操，激励学生向上，必须充分体现各种环境因素的正面教育意义。

（2）注重科学性原则

所谓科学性原则，就是要求教学环境的建设和美化要符合学生身心发展的特点和教学规律，要遵循生理学、心理学、教育学、学校建筑学、学校卫生学、教育社会学、教育美学、学校德育的基本原理，要通过科学合理的调控优化，使教学环境真正成为科学和艺术的统一体。

（3）注重实用性原则

教学环境的设计、建设和优化应当根据学校的实际情况和经济条件，本着经济、实用、有效的宗旨进行。创建良好的教学环境并不意味着刻意追求豪华的设施和讲究排场，其主要目的是更好地服务于教学。因此，教学环境建设应立足本地本校实际，不能脱离教学实际需要和自身经济能力去追求物质条件的丰裕和环境外表的完美。

4. 教学环境优化的策略

（1）整体协调策略

这一策略是指在教学环境的调节控制过程中，无论学校领导还是教师，都要有全局观念，要从整体上对教学环境的各个方面进行规划调整，以便把各种环境因素有机地协调为一个整体。构成教学环境的因素颇为复杂，既有物质的，又有心理的，既有有形的，又有无形的。

在具体的调控优化过程中，须将学校的校舍建筑、校园绿化、室内外装饰布置、良好人际关系的建立、积极向上的校风的形成等内容作为整体来加以全面考虑和控制，并将这些环境因素产生的影响协调一致起来，使它们向着有利于促进学生身心健康和提高教学质量的方向发展。

（2）协同特性策略

这一策略是指在调控优化教学环境的过程中，环境控制者可以通过协同或突出环境的某些特性，有意形成某种特定的环境条件来影响教学活动及师生的行为，以达到预期的目的。

环境心理学的研究表明，环境可以直接影响人的行为，环境的不同特征能对人产生不同的影响。适当协同环境的某些特征，可以大大增强环境的影响力，使师生的行为发生理想的变化。

（3）协同优势策略

这一策略是指在教学环境的调控优化过程中，要充分协同学校已有的有利环境条件，为教学活动创造一个良好的环境。

实践证明，协同学校已有的有利条件创建良好教学环境，是一条经济有效的途径。一般来说，不同地区、不同学校在环境条件上是有一定差异的。但任何学校在环境方面又都有自己的特点和优势，充分发掘和利用已有的环境优势，就有可能推动整个教学环境的改善，从而给教学环境的建设带来突破。

（4）协同转释策略

这一策略是指在调节控制教学环境的过程中，要对存在于教学环境中的各种信息进行一定的选择转化处理，实现信息优控，使信息成为促进学生健康发展的积极因素。

近年来，随着大众传播媒介的迅猛发展，学校通过广播、电视、书刊等渠道接收越来越多的社会信息。教学环境建设不能忽视信息因素，教师应当对涌入学校的各类社会信息及时进行协同转释处理，保留有利于教学、有益于学生学习和发展的各种信息，并利用有益信息排除不利信息的干扰，将自发的信息影响转化为有目的的信息影响。

（5）自控自理协同策略

这一策略是指教育者不仅自己要重视调节控制教学环境，而且要重视学生在调节控制教学环境方面的作用，培养学生自控自理环境的能力，使学生学会控制和管理教学环境。

同教师一样，学生也是教学环境的主人。学生在教学环境的改善和建设中往往发挥着极为重要的作用。可以说，创造良好教学环境的一切工作，几乎都离不开学生的参与、支持和合作。教育者应该调动学生参与教学环境建设的主动性和积极性，培养他们对于教学环境的责任感，提高他们控制环境和管理环境的能力。只有这样，创建良好教学环境的工作才能得到最广泛的支持，业已形成的良好教学环境才能得到持久的维护，教学环境才会在学生们自觉自愿的不懈努力中变得越来越和谐、美好。

目前中国高职英语教学出路之一就是鼓励学生充分利用现代化英语学习资源和条件，努力建构"自然与真实的"语言环境。语言学习离不开环境，语言环境的缺乏，严重影响语言的输入量，并制约着英语学习活动和效果。

良好的语言环境是英语学习获得成功的有力保障。英语教师要面对现实，努力改革僵化、呆板的课堂教学模式和方法，更新教学观念，帮助学生构建全面而优质的学习环境。在发展英语学习环境方面，可以通过电视、广播、多媒体、网络等渠道学习英语，每位教师都应结合自身特长和学生实际，探索和创建信息时代的英语学习环境和教学模式，灵活有效地构建适合学生和教学实际的英语学习环境。

（二）教学理念

1. 教学理念的界定

教学理念是对认识的集中体现，同时也是人们对教学活动的看法和持有的基本的态度和观念，是人们从事教学活动的信念。教学理念有理论层面、操作层面和学科层面之分。明确表达的教学理念对教学活动有着极其重要的指导意义。顾明远先生将教育理念分为三个层次：宏观教育理念、一般教育理念和教与学的理念。顾先生的研究说明，教学理念是教育理念的一个下位概念，教育理念涵盖了教学理念，但不容忽视的是，即使处于最低层次的教学理念，也有很强的理论性、操作性和指导性，而且在很多情境下教学活动就是教育活动，很难将两者严格区分开来。

2. 教学理念的三个层面

从理论层面上讲，教学理念是人们对知识、教学过程及学生心理、学习风格的综合性理解与解释。不从事具体教学实践的人同样可以讨论对教学的看法，这也说明了教学理念的理论性特征。当今教育领域主要有两大理念，即终身教育理念和社会化学习理念。这两大理念要求教育者从传统的教育模式转向学生有效学习的模式，培养学生的终身学习能力。同时，这两大教育理念也从理论层面为当代教育教学改革指明了方向。

从操作层面上讲，教学理念是在具体的教学情景中运用某些教育学、心理学理论，把某种教学理念具体化、实践化，即如何将理论层面的教学理念转化为具体的教学行为。操作层面的教学理念是一个中间层次的教学理念，对教育教学改革起着直接的指导作用。

从学科层面上看，教学理念是以理论层面的教学理念为方向，以操作层面的教学理念为指导，在特定学科教学中具体实施教学理念。学科层面的教学理念决定某一学科的教学目标、课程设置、教学模式、教学评估和教学管理等各个方面，对学科教学改革起着具体的指导作用。

第二节 高职学生英语学习阻碍机制策略"协同"分析

一、高职学生英语学习内部阻碍机制策略"协同"

（一）高职学生英语学习态度和动机的"协同"分析

1. 态度与动机之间的关系

态度与动机有着密切的关系，加德纳认为，动机来自态度，态度不能直接影响学习，但它们可导致动机的产生。动机指的是努力、取得学习目标成功的愿望和对待学习英语的积极态度的结合物。

学习态度根据学习表现，可分为自觉型、兴趣型、说服型和强迫型。自觉型和兴趣型学生受内在动机支配，说服型和强迫型学生受外在动机支配。学习英语的态度与学习成绩之间的相关程度高于学习其他学科的态度和成绩之间的相关程度。一般来讲，对待英语学习的态度与性别有关，如女生更喜欢学英语。国外调查证明，学习者在初学阶段的态度与后来的英语水平相关不多。但是，一段时间后，成功的英语学习者慢慢树立起有利于英语学习的态度，这种积极的英语学习态度反过来又促进了英语学习，使英语学习取得更好的成绩。学生的学习态度一旦形成则比较稳定，会在英语学习过程中一直坚持自己的学习态度，不易改变。如有的学生认为英语学习难，单词不好记，语法不好学，就采取放弃学习英语的态度，英语教育者和学生家长做了大量工作，但收效甚微。也有一些学生经过耐心细致地做思想工作，的确改变了原来对英语学习的态度，这说明学生的英语学习态度是可以改变的，只要英语教育工作者善于诱导，教法得当，坚持长期的思想工作，就是顽石也会被老师们炽热的心所熔化，何况是学生的学习态度？

大量的研究已显示出动机和态度在英语学习中的作用。所有的研究表明，积极的态度和动机与第二语言学习成就联系在一起。同样地，如果学习者对讲这门语言的人抱以喜爱的态度，他们彼此就会渴望接触。若是讲话者只感到学习第二语言是外来的压力，那么内在的动机就会最小，而且学习态度就会消极。学习态度与动机是影响英语学习的重要情感因素，态度端正、动机强烈被视为英语学习成功的关键所在。总之，学英语一定要有一个积极、强烈的学习动机和正确的学习态度，否则学好英语是不大可能的。

2. 学习态度、动机与学习效果之间的关系

尽管学习效果的好与差受多种主观与客观因素的影响，诸如学习者的先天素质、学习基础、学习态度、学习方法、学习习惯、智力水平、人格特点、健康状况以及学习环境和课外指导等，然而学习动机始终是取得学习效果的直接动力。学习动机与学习效果之间存在着同一性，也存在着矛盾性。同一性反映着学习动机与学习效果之间的必然性。比如学习动机好，学习效果好；学习动机不好，学习效果也不好。而矛盾性则反映着学习动机与学习效果之间的偶然性。比如学习动机好，学习效果不好；学习动机不好，学习效果好。如学习动机是为了取得好成绩，把别的同学都压下去，唯我独尊，这种学习动机显然是不正确的，但也能产生强大的动力，取得好成绩。由于学习动机与学习效果之间存在着矛盾性和偶然性，因而在错误动机支配下取得的好成绩是不会长久的。

学习动机与学习效果之间的关系是以学习行为为中间变量的，有良好的学习动机，没有良好的学习行为和学习习惯，亦不可能取得好的学习效果。人们常常将态度与动机同归于影响英语学习成败的一组因素，因而使两者的概念混淆起来。按照卡德纳的理论，态度与动机的意义被区别开来。英语学习动机包括四个方面：目的、学习的努力程度、达到学习者目的的愿望以及学习态度。态度只是动机因素的组成部分之一，态度与动机有着直接的联系，并受动机支配。

动机的基础是态度。态度是一种后天形成的，对某种东西的一种持久的赞同或不赞同的意向，即人们对某事或某物的一种肯定或否定的心态及由此产生的行为倾向。如果一个人对目标语本身以及目标语民族文化有好感，渴望了解其历史、文化及社会，那么他就会产生良好的动机，采取积极肯定的态度，有利于语言文化的学习。反之，如果学习者对目标语及其民族文化持消极态度，仅仅因为外部压力而不得不学，那么这种学习可能仅仅达到外部需要所要求的最低水平。结合型动机和同化型动机就是以对目的语及文化的一种肯定态度为前提的。而抱有工具型动机的人却不一定对说目的语的人及其文化怀有肯定态度）。卡德纳和兰伯特对此做了大量试验，以检测态度与对英语掌握程度之间的关系。研究主要包括学习者的社会态度价值观、动机及学习效果。结果显示：对目的及其人民的态度同对该语言掌握的程度成正比。在英语学习过程中，学习动机、态度、兴趣等直接关系到学习效果。与学习能力相比，学习态度对英语学习更为重要。心理语言学的研究也证明，学习者的学习动机、对目标语国家的人民与文化的态度以及相应的学习兴趣共同决定着语言学习的进程。学习者在初学阶段的态度与后来的英语水平相关很少，但经过一段时间的学习体验之后，成功的学习者会逐渐树立起有利于英语学习的态度。这种积极的态度反过来又促进英语学习，让学习者获得更大的成功。

了解了态度、动机与学习成效之间的关系，若能克服研究中的不足，设法刺激和强化英语学习者的学习动机与态度，定能提高人们的英语学习效率，相关的研究也会得到极大的推动和发展。

(二) 高职学生英语学习的焦虑心理"协同"分析

要分析高职学生英语学习的心理，首先要弄明白心理的含义和内涵以及心理对英语学

习的影响。

1. 关于人的心理

心理是指生物对客观物质世界的主观反应，心理现象包括心理过程和人格，人的心理活动都有一个发生、发展、消失的过程。人们在活动的时候，通过各种感官认识外部世界，通过头脑的活动思考着事物的因果关系，并伴随着喜、怒、哀、乐等情感体验。这折射着一系列心理现象的整个过程就是心理过程，按其性质可分为三个方面，即认识过程、情感过程和意志过程，简称知、情、意。

心理现象人皆有之，它是宇宙中最复杂的现象之一，从古至今一直为人们所关注。心理是大脑对客观现实的主观反应，意识是心理发展的最高层次，只有人才有意识。心理现象又可分为两大类，即心理过程和人格。认知、情绪情感和意志是以过程的形式存在的，它们都要经历发生、发展和消失的不同阶段，所以属于心理过程。人格也称个性，是指一个人区别于他人的、在不同环境中一贯表现出来的、相对稳定的影响人的外显和行为模式的心理特征的总和，包括需要、动机、能力、气质、性格等。

2. 高职学生英语学习的焦虑心理分析

英语学习者的一般心理障碍主要受非智力因素的影响，如动机、意志、性格、情感、注意、兴趣、信念、理想、世界观等，主要表现为：英语学习动机不端正；在英语学习上缺乏毅力，认为难学，自动放弃；性格内向，怕出错受人耻笑，不敢和别人用英语对话，不敢多提问题；英语学习注意力不集中；缺乏学好英语的自信心；对英语学习没有兴趣；缺乏远大理想等。

（1）焦虑心理的成因分析

焦虑是一个心理学概念，是一种内部心理现象，属情绪范畴。指的是由于个体不能达到目标，致使自尊心或自信心受挫，或是失败感、内疚感增强，形成一种紧张不安、带有恐惧心理的情绪状态。

学习焦虑是指学生由于达不到学习目标或不能克服学习障碍的威胁，自尊心与自信心受挫，致使失败感和内疚感增加，长此以往所形成的一种紧张不安、带有恐惧的情绪状态。焦虑有两种，一种是过度焦虑，一种是适度焦虑。适度焦虑可使学生注意力集中，学习态度端正，思维活跃，对学习知识有促进作用。过度焦虑则会使学生处于较低的唤起状态，导致学生注意力集中程度偏低，从而抑制学生学习。

（2）高职英语学习过程中学生焦虑心理产生的内在原因和外在原因

实现教育公平与平等，引导、促使每个学生健康和谐地发展是教育的任务，是教育工作者的责任。在高职英语学习中出现的焦虑心理是多种多样的，产生这种心理的原因也是多种多样的，究其产生的根源，有外在原因与内在原因两个方面：

①外在原因

A. 社会原因

随着高职英语教学改革的不断深入，高职英语教学对于学生的听、说、读、写、译等各种能力提出了更高的要求。这种要求与学生的实际英语能力和水平之间还有一定的差距，学生中英语学习困难、畏惧英语现象仍然普遍存在。同时，任何心理问题的产生与思想问题的产生一样，都有着深刻的社会及家庭原因。学生英语学习心理问题的产生也是如此。

B. 家庭原因

家庭教育和地域差异。

C. 学校原因

每个学习者都是单独的个体，都具有自己独特的个性，在高职英语的学习中表现出个体的学习态度、学习动机、努力程度、学习能力、学习心理等方面的差异。而在具体的学习过程中教师无法关注到每个学习个体的表现并对其进行有差别的期待与关注。一些本身就陷入弱势的学生群体对于学习的效果没有任何期待，甚至连因个体差异显示出来的进步也被抹杀了，进而否定自己的英语水平能力，从而产生严重的自卑心理。

②内在原因

A. 学习者的归因方式

归因是指人们对他人或自己的所作所为进行分析，指出其性质或推论其原因的过程。个体行为的原因分为外在归因和内在归因两类。

归因中还会存在一些偏差，其中常见的是自利偏差：把自己的成功归结于内在原因，而把自己的失败归于外在因素。产生这种偏差是因为人们要维护自己的自尊心免受伤害。就高职英语学习而言，学习者在学习过程中容易产生害怕与不安的心理，这种负面心理主要有三种：交流恐惧、负评价恐惧和考试焦虑。学生在这些负面心理的影响下，有所收获的时候，他们往往将成功归结为个体自身的原因；无所收获的时候，他们更倾向于将失败归结为外在原因。

B. 学习者的个体动机

心理学家认为，人的各种活动都是由一定的动机引起的。学生的学习也是由一定的动机所支配，而学习动机离不开成就动机。成就动机强的个体较成就动机弱的个体，更能坚持学习，学习效果更好。高职英语学习者的动机存在个体差异性，当个体在学习能力、学习努力程度、学习态度等多方面无法获得成就感时，他们便会在高职英语的学习过程中失去动机，英语的学习便成为他们的障碍，由此而产生一系列的失败体验，这种恶性循环便会使学习者产生强烈的自卑心理。

二、高职学生英语学习外部阻碍机制策略"协同"

（一）高职公共英语教学改革路径的"协同"

1. 高职公共英语教学"协同"改革的必要性

（1）人才培养的需要

以往的高职公共英语教学无论在教学理念上、教学方法上还是在教学模式上都存在着一定的问题，这对学生的发展极其不利。语言是交际的工具，是人们沟通的纽带。为了发挥英语在国际商贸上不可替代的地位，为了适应知识经济的发展需要，各国纷纷进行了英语教学改革，改变传统的教学模式，提高学生语言的输出能力，增强语言的应用能力。

(2) 英语教育发展的趋势

立足社会现实、尊重语言社会功能的学习视界，根据学生认知特点和了解世界的需求，让学生在多元情境中学习，相互交流，互动沟通，使学生一步步在语言知识的实践中提高应用技能。同时，结合学生的认知特点和知识建构背景，加强教学内容的实用性，提高职场英语的交际和实际应用能力，为社会输送更多的应用型、复合型英语人才，必将成为当今英语教育发展的趋势。

2. 高职公共英语教学改革路径的"协同"方式

(1) 更新现行高职公共英语教学理念

①教师教学理念的"协同"

教师要不断提升自己的教育信息化素养，构建新的教学理论和教学思想，重新认识已有的教育教学理论，重新提升教育理论的内涵，提升教师的理性认知。教师要对自己不断地进行教学反思，教师要有以人为本的理念、创造性理念、主体性理念、个性化理念、开放性理念等，其中最根本的就是以人为本的理念。

②教师反思与体验必要性的"协同"

反思与体验是英语教师改进教学理念、提高教学效率的根本途径。公共英语是专业主体能力的辅助能力或扩展能力，它应以实际应用即沟通和交流为目的，对语言的认知也理应以有助于语言实际应用能力的有效形式为限度。改革以往英语教学仅仅为了过级的目的，实现听说能力的零突破，实现公共英语交际能力的提升，比灌输规定的内容更有意义。提升语言交际能力的可持续性比过级考试更有意义。彻底改变过去以教师为主导的教学模式，代之以学生为中心的课堂互动教学组织，提升互动教学的整体效果。在内容选取上，选取职场环境下有助于提升学生英语综合应用能力的题材，尤其是提升听说能力的题材，体现英语在相关行业中的应用，提升学生的职业素养，形成英语交流能力。这比堆积英语教学时间更有意义，也为学生走向工作岗位后的职业发展打下坚实基础。

(2) 采用新型的翻转课堂教学法

翻转课堂是一种新型的教学模式，是建构主义学习理论在该模式中的具体应用。

翻转课堂模式在英语课堂教学中的应用是高职公共英语课堂教学改革的路径，是高职公共英语教学未来发展的必然趋势。

翻转课堂对知识的传授和内化教学流程进行了颠覆，带来了教学的革命和创新。翻转课堂模式在英语课堂教学中的应用具有下列意义。

第一，有助于改变传统"填鸭式"教学模式，课堂是师生之间和学生之间相互交流沟通的处所，教师在该处所中解决学生的疑惑、具体知识的应用等，构建出个性化协作式的学习环境，学生不再是知识的"容器"和"接收器"，而是课堂真正的主宰者。

第二，有助于提升课堂互动教学。解决了大班授课情况下，进行课堂授课的组织有一个难以逾越但又必须克服的障碍，就是学生多而教学时间有限，能够参与课堂互动的学生总是少数的问题。翻转课堂模式在英语课堂教学中的应用最大限度地提升了所有学生课堂教学的关注度和参与度，确保了互动教学的整体效果，降低了互动教学的组织难度。

第三，有助于学生自主预习和自主训练。翻转课堂模式在英语课堂教学中的应用，不仅能大大降低互动教学组织的难度，提升互动教学的整体效果，更重要的是有助于最大限度地激发学生学习英语的积极性，培养学生良好的自主学习意识、学习能力和终身学习的习惯。

（3）更新以往长期应用的教学模式

采用新型的教学模式是当前高职院校公共英语教学改革之必须。以往公共英语课堂传统的教学模式应试倾向明显，知识是通过教师传授获得，学生成了承载知识的"容器"，因此，下面两种新的教学模式应该在高职英语教学中广泛应用。

① "i+1输入假说"模式应用的"协同"

学习者应该在一定的情境下通过情境协作、会话和意义建构来完成所要学习的内容，这就是建构学习理论的四个主要内容，教师要不断领会该理论的内涵，活学活用，与时俱进。美国语言学家克拉申提出的"输入假说"，提出在语言输入量上要达到"i+1"，也就是说教师在授课过程中要加大授课信息量。在质上，要求选用的材料除了具有真实性，还要保证语料的可理解性，语料必须短小精悍，目标明确。

②翻转课堂教学模式的"协同"应用

学生在上课之前就已经观看过视频，明确了自己的学习目标，课堂上以学生的活动为主，学生成为课堂的真正主人，从而取得更好的教学效果。因为学生自己掌控学习，增加了学习中的互动，将语言放在语境中学习不仅有助于语言学习本身，更能提高学生的文化意识和文学素养。教师成了学生便捷获取资源、利用资源、处理信息、应用知识到真实情境中的脚手架。根据建构主义学习理论，结合高职英语教学的实际情况构建翻转课堂教学模型，促进了教师和学生共同发展。

在翻转课堂中，知识的传授被安排在课前由学生自主完成，这就需要为学生提供足够的学习资源。课程开发模块的主要任务是根据课程教学的需要，为学生设计开发系列微课、练习题库、制作素材等各类学习资源，同时建立网络教学平台和学习社区（如QQ群）供学生课前学习和互动交流。

A. 课前学习

在课前学习环节，教师根据课程教学目标和教学计划，为学生安排课前学习任务，其中包括学习的内容、目标、作业、学习记录等。学生通过观看微课、开展课前练习和作品设计制作等方式完成知识的传授。学生在学习中遇到困难，可以通过网络教学平台或学习社区与同学或老师交流，遇到无法解决的疑难问题要做好记录。

B. 课堂活动

在翻转课堂中，课堂活动的主要任务是帮助学生完成知识的内化，可以通过组织学生开展问题探究、协作学习、互动交流等方式来完成。课堂活动主要包括问题确定、独立探究、协作学习、成果交流、反馈评价等几个环节。

课堂活动中需要探究的问题主要来源于以下几个方面，第一是学生在课前学习中遇到的问题；第二是学生的课前作业或作品中存在的问题；第三是历届学生普遍遇到的问题；第四是拓展性问题。有些问题由学生提出，但更多的是由教师总结和提炼。

独立探究是课堂活动的重要环节之一，它在帮助学生完成知识内化的同时，还可以培养和提高学生独立解决问题的能力。一般来说，可以选择难度适中的问题让学生以独立探究的方式加以解决。同时，教师还可以及时提供面对面的辅导和交流。

协作学习是课堂活动的重要环节，有利于深化学生对知识的理解和综合运用，培养解决实际问题的能力。协作学习的内容一般选择难度相对较大的问题或作业。

小组协作学习容易流于形式，学生需要明确小组成员的分工和合作，教师需要加强组织、监控与辅导，充分调动小组成员的积极性，保证小组活动有效开展。

学生在独立探究或协作学习中取得的成果需要在课堂上进行汇报和交流，将问题解决方案和结果与同学们分享，达到共同提高的目的。

反馈评价主要由教师和同伴共同完成，采取过程评价与结果评价相结合的方式开展评价。对结果的评价主要考查学生对知识和技能的掌握程度，重点考查学生的问题解决和作业完成情况。对过程的评价主要考查学生参与课堂活动的表现，重点考查小组探究、交流汇报等环节中的表现。

（二）高职公共英语课程内容体系的"协同"构建

1. "协同论"与英语教学之间的关系

教学是一个开放系统，组成要素包括教师、学生、教学目标、教学信息和教学媒体等，这些要素为实现教学目标起着支配教学活动的作用。

组成教学系统的各部分具有协调、同步、竞争和"协同"作用，实现教学过程有序进行的条件是整个教学系统和环境之间的相互作用。

英语教学系统是一个复杂开放的系统，全球化发展的经济和广博化人才的需求对英语教学的开展提出了新的要求，需要从头理顺以教学的主导、教学的主体和教学内容为基本元素的课堂教学系统内部诸要素和诸层面的许多关系。只有经过这些关系的相互联络、相互服从和相互融合，即"协同"，才能完成英语课堂教学体系的有序运转。

在高职公共英语教育过程中，教育体系内部各个因素之间在宏观上常常会持续发生改变，体系的微观状态在一段时间内也会因各个状况的变更和互相服从出现震动。教育体系内部各个因素之间的变化使得体系性能发生变更，因为体系内各个因素之间互相服从的体制出现了变更。教学中的各个因素因互相限制而相对平稳地"协同"发展。

2. 高职公共英语课程内容体系的"协同"构建概述

在"协同论"指导下，改革公共英语教学的内容，灵活设计和组织教学活动，传授"协同"有效的学习策略、认知策略、信息加工策略等智慧策略知识，做到十个方面的协同，使学生能够熟练掌握相关过程和方法策略及技能，并在学习中能够创造性地运用。

（1）高职公共英语课程内容体系"协同"构建的思想和理念

高职院校公共英语教学中协同论视域下英语教学理念的运用应该既重视知识技能的传授，又关注所学知识与各个方面的协同，揭示学生的个体潜能，并为这种潜能发挥作用。

高职公共英语课程内容体系的协同构建，应以"一条主线""两者交融""三个结合""四大模块""五个更新""六个提升"为设计思想和理念，构建"模块化、进阶式、组合型"课程内容体系，建立"三三式"课堂教学体系，全方位关注学生的发展。具体措施如下。

"一条主线"：以培育学生在工作情况下的英语语言知识和综合应用能力为主线，协同建构英语的教育内容和课程系统。

"两者交融"：有机协同英语语言知识和语言应用两大板块的课程设置，打破传统的英语语言知识和语言应用分割的形式，使英语语言知识与能力和英语教育理论与实践互相渗透，相互融合。

"三个结合"：语言知识能力培育与素质教育相联结，语言理论教学与实践教学相联结，语言课程教学与职业资格证书培训相联结。

"四大模块"：根据英语就业岗位群的工作与职责要求，课程内容在革新教育思想，转变教育理念的基础上把课程分为四个板块，即基础英语板块、提升英语板块、核心英语板块和语言素能拓展板块。

"五个更新"：根据英语语言发展与时俱进的特点，英语教学工作者必须更新教育思想，更新教学理念，更新教学方法，更新知识结构，更新教师队伍。因为只有高素质的教师才能培育出全方位发展的高素质的学生。

"六个提升"根据英语专业的特点，根据英语专业对教师自身的要求，提升教师的专业知识水平，提升教师的团队合作能力，提升教师的语言实践能力，提升教师的语言应用能力，提升教师的科研能力，提升教师的社会服务能力，在英语教学中，教师起着不可估量的作用，高质量教师是英语教学顺利完成的保证，也是英语教学培养出适应21世纪发展的人才的重要基石。

基础英语等课程的学习及语言深化训练，使学生全方位提升听、说、读、写等方面的能力；提升部分课程的学习，使学生掌握比较宽泛的语言知识。语言核心模块着重于培养学生的综合素质与岗位沟通技能，通过对语言课程的学习及综合实践训练，培养学生的英语综合应用能力，以满足将来职业岗位的要求。语言素能拓展板块课程主要包括职业岗位语言实践与职业考证培训等，学生根据自己的兴趣爱好选修有关课程，培养专业素养，提升综合能力，加强学生对未来职业的适应性。

（2）在"协同论"指导下，建立"三三式"课堂教学体系

根据协同论，构建"三三式"课堂教学体系，具体内容如下：

第一，三个结合。英语教学和专业知识教学相结合，与日常生活相结合，与未来职业方向相结合。

第二，三个层次。基础英语层次、提升英语层次和专业英语层次。

第三，三段培养。基础阶段培养，校内实训基地与课堂内外相结合阶段培养，校外实训基地与生产经营实践结合阶段培养。

（3）在"协同论"指导下，构建"四环合一"的教学模式

第一，创新教育环节：结合地方的经济发展，培养学生的创新意识。

第二，实践教育环节：课赛融合、课证融合，培养学生理论联系实际的能力，并构建职业道德。

第三，研究教育环节：培养学生的职业核心能力、就业竞争力和职业迁移能力。

第四，课堂教育环节，即培养基本知识、基本理论、基本方法和基本技能以及终身学习的能力。

（4）高职公共英语课程内容体系"协同"构建的成效

通过上面的阐述，高职公共英语课程内容系统"协同"建构的成效主要完成五个方面的突破，具体内容如下：

第一，教学理念上的突破。以学生为本，凸显"导"字，教师变为导演者、导游者、导航者，学生全面参与教学设计，体现"教、学、做"合一的理念。

第二，教学内容上的突破。构建"教、学、做"一体化的内容体系，培养学生的交际能力，以适应社会对从业人员的素质要求。增加与职业素养相关的内容，重视各专业英语的教学与就业岗位相结合。结合学生的认知特点和知识建构背景，加强实用性，提高职场英语的交际和实际应用能力，为社会输送更多的应用型、复合型英语人才。

第三，教学方式上的突破。由学生们组建学习团队，自主学习、集体学习和相互学习。通过多种生动活泼的方式建构互动式课堂；创设多种由学生完全介入的亲验教学；把教学的时空视线从教室内延伸到教室外，实现教学途径与空间的多元化与立体化。

第四，教学目标上的突破。注重三维目标，即知识与能力、流程与手段、情感态度与价值观，体现显性教学和隐性教学相联结的原则。

第五，教学链条上的突破。建立学生全面参与的教学系统，从教学理念、教学组织形式到多媒体教学和实训、全过程开放式考核，构建由学生参与的立体化和系统化学习系统。

高职公共英语课程内容体系的"协同"构建，能够满足语言功能自身的需要。因为现今的高职公共英语教学无论在教学理念上、教学方法上还是在教学模式上都存在一定的问题，忽略了语言的交际功能，不论是 AB 级考试，还是四、六级考试，培养出来的学生都是"哑巴"，不能用英语进行交流，这对学生从事实际工作，适应国际化的需要和后天的发展极其不利。

公共英语可以看作专业主体能力的辅助能力或扩展能力，它理应以实际应用即沟通或交流为目的，对语言的认知也理应以有助于语言实际应用能力的有效形成为限度。因此，公共英语作为专业实践能力教学体系的扩展，应该主要归属于实践课程体系，或者说，公共英语课程体系应该主要依据实践课程体系的原理来构建，以此来实现教学内容与岗位职业素养的协同。

（三）高职公共英语课程内容体系构建十个"协同"的实现

协同论视域下的高职院校公共英语教学内容体系改革的核心在于关注学生的可持续发展，通过以下各个方面的协同，实现高职英语教学效能的提升。

系统的整体功能是由各个因素的本性和性能以及各个因素间互相影响的方式决定的，

教学体系的运转与各个子体系的运转以及它们之间配合与否直接关联，根据协同论的主张，为增大教学体系的效果，提升教育质量和效率，必须十分注重教学体系各个因素之间的关联，教师和学生要有确定一致的教学目标，教学各方面必须加强配合、协同合作，通力促使教学系统和谐、健康地向前发展。

高职英语教学应该遵循十个方面的协同，具体如下：

1. 协同教师与学生

教师在教学过程中应该起着导演、导游和导航的作用。教师"教"与学生"学"的关系，传统教学理念认为，教学过程是教师教的过程；现代教学理念认为，教学过程是教师主导与学生主体相统一的活动过程；后现代教学理念认为，教学过程主要是学生主动学习和构建的过程。英语课堂教学中的教与学的关系，"既不是'学'围绕着'教'或'教'围绕着'学'的类似天体运行中行星和卫星的关系，也不是'一方面'与'另一方面'的平面构成关系"，教与学二者是相互依存、相互作用、相互协调并共同提高的协同关系。英语课堂不仅是培养学生的场所，也是教师成长和发展的基地，是师生共同发展的"孵化器"，这种协同关系能够实现课堂教学在更高层次上的回归，教学过程不再是简单的知识传授，而是师生之间通过思想、情感的交流与分享，完成教师知识结构与学生知识结构的逐步变换并相互提升的过程。因此，英语课堂教学中教师和学生不再是支配和被支配、控制和被控制的关系，而是在双方互相配合、共同参与的教学交往中，达到发现新知、培养能力、增进情感、砥砺意志、完善品性的完美协同。要达到教与学的协同，师生各自以自己的视角和经验，用自己独特的表述方式，通过心灵的沟通、思想的碰撞、意见的交换，实现知识的共有与个性的全面发展同时有选择地实施"主体换位"。当某些教学内容与学生的生活较为贴近或学生就某一内容进行系统汇报时，学生以"演"的角色走上讲台，教师则以"导"的角色走下讲台，教师和学生通过换位思考及相互体认，逐步实现教师和学生的心理共融和交汇。

2. 协同知识与能力

在高职公共英语教学中，传授知识与培养能力相辅相成、缺一不可。现在所提倡应用的翻转课堂是以课前和课中的"信息传递"和"吸收接纳"为主要流程来完成知识与能力的协同。

因为知识与能力之间的关系是：知识是前人智慧的结晶，是课堂教学中师生交往的载体和基础；能力是解决实际问题的技巧和水平，是需要经过反复训练才能获得的。一个人要立足社会，必须同时拥有知识和能力，没有能力的知识是"海市蜃楼"，虽然美好但却虚幻；没有知识的能力是"空中楼阁"，虽然实在但缺乏根基。因此，在英语课堂教学中，传授知识与培养能力相辅相成、缺一不可。科学与知识的增长永远始于问题，终于问题，愈来愈深化的问题，愈来愈能启发大量新问题的问题。"问题"应该贯穿于英语课堂教学的始终，在"提出问题—思考问题—讨论问题—解决问题—提出新问题"的循环教学过程中，学生通过对问题的分析与比较、判断与推理、归纳与综合，获得处理问题所需的关于各种因素、矛盾和关系的知识和经验，在多次对不同问题分析和解决的过程中，逐步提升能力。以问题为核心的探究式教学有助于培养学生的相关能力，实现英语课堂教学"传授知识与培养能力"的协同。实施探究式教学要注意问题情境的设计应该既有利于唤起学生探究的愿望和热情，又能激发学生的积极思维和开展探究的行为。问题情境应具有五个特性：

一是典型性，只有典型问题情境才能获得举一反三的效果。

二是挑战性，这样能够激发学生对问题的兴趣，促使学生主动以全新的视角思考问题、分析问题和解决问题。

三是灵活性，即问题的答案不是绝对的和唯一的，这一点在社会科学类课程教学中尤为重要，因为只有相对不固定的答案才能引导学生发散思维，从多种角度体认社会的复杂性和多变性。

四是相关性，即设计的问题情境不仅与学生已有知识或经验以及现实的学习生活相关，而且要和学生的未来发展需求和意愿直接相关。只有这样，才能使学生保持对问题的足够热情和解决问题的愿望。

五是渐进性，即设计的问题情境应该由浅入深，开始就设计高深的问题情境往往会使学生无所适从，达不到通过探究掌握知识、提升能力的目的。

3. 协同内容与形式

教学内容是通过课堂教学让学生了解和掌握的知识，每节课都会有不同的内容；教学形式是依据教学内容所采用的教学方式和方法。

有学者把与人交流取得信任的三个必备条件与火箭做类比：发言内容只占7%，就像火箭头一样，虽然最小但却最有价值；口头表达和视觉感受分别占38%和55%，就像火箭的助推器，没有助推器的推动，火箭头的价值就无从实现。在英语课堂教学中，教学内容和教学形式就像火箭头和助推器的关系一样，是相互适应、相互配合和相互促进的关系。重视"内容"忽略"形式"的教学缺乏活力和吸引力，过分强调"形式"忽视"内容"的教学缺乏内涵，只有两者在适应和配合中协同才能实现教学目标。后现代教学理念主张"教无定法"，要因地制宜地采取灵活多变的教学方式和方法。"教无定法"就是实现教学内容和教学形式的协同，其协同应体现在以下两个方面：

一是不同的教学内容采取不同的教学形式。较为浅显或可以让学生直接接受的教学内容，应该采取传授式的教学方法，可以通过经典案例等增强授课的趣味性；需要学生深入思考的教学内容，则应采取探究式教学方法。传授式教学和探究式教学在知识获得方式、心理机制、思维过程、师生作用等方面都存在着明显的差异，正是这种差异决定了它们之间相互制约、相互促进和互相补充地配合不同的教学内容，才能实现教学内容与教学形式的协同。这种内容与形式的协同虽然有"设计"的成分，但并不是绝对"教条"的标准化和程序化。

二是同一教学内容采取不同的教学形式。英语课堂教学本身的复杂性决定了其动态生成性，再好的教学设计也要因时、因人、因环境和问题的变化而进行相应的调整和变通。因此，在英语课堂教学中，应依据不同的教学内容努力达成不同教学方式之间的整合、平衡和最佳结合状态，根据教学的实际需要和学生学习方式的多样化、差异性和选择性等特点，采取灵活多变的教学方式和方法，真正实现内容与形式的协同。

4. 协同个体与团体

在英语课堂教学中，要重视每个学生获得知识并发展能力的个体学习，更应重视并提倡教学主体之间的相互作用、相互交流、相互沟通、相互理解的团体学习。首先，团体学习是探究知识、提升能力的保证。在课堂上，学生之间的关系比任何其他因素对学生的成绩、社会化和发展的影响都更为强有力。学生个体在认知基础、认知结构、思维方式、学习方式等方面的差异，使得学生的不同观点、见解、方法与分工方式在解决问题或完成任务过程中，表现出相互沟通和融合的互补性，正是这种互补性，使得团体学习不仅可以为新的观点和新的看法的出现提供最好的条件，为每个成员探究精神的发展提供契机，还可以通过他们彼此之间经常在学习过程中进行沟通交流，分享各种学习资源，共同完成一定的学习任务，而形成相互影响、相互促进的人际关系，从而培养学生的合作意识和协作能力。当学生在一起合作融洽、学习效果明显时，就会感受到学习和成长的快乐，取得良好的教学效果。其次，有效的团体学习同样离不开学生个体的独立学习，离开学生的独立学习和深入思考，相互间的交流和讨论就不可能有深度，不可能有真正的互动和启示，既不能对小组内的不同见解、观点提出真正意义上的赞同或反对，也无法做到吸取有效的成分，修正、充实自我观点，从而影响团体学习的效果。可见，英语课堂教学中，只有个体和团体的有效协同才能真正实现"掌握知识、开阔视野、锻炼能力、提高素质"的教学目标。为此，可以采取多种措施促进团体学习。

一是指导学生建立多个学习小组，为合作学习提供组织保证。每个小组的人数以成员之间能充分沟通为宜。

二是激励学生个体之间以及小组成员之间的私下交流，形成具有代表性或创新性的观点后，再拿到教学班级上讨论，可以有效地利用课堂宝贵时间。

三是在学生成绩的评定中加入学生合作表现的考查，具体可以采取小组长评价和同学之间互评相结合的方式。这部分考查结果以一定的权重连同教师对学生的考查结果一并记入每个学生的考核成绩。

英语课堂教学中，教师要注重每个学生取得知识并发展技能的个体学习，更应注重并倡导教学主体之间的互相影响、互相交际、互相沟通、互相理解的团体学习。掌握学生个体在认知基础、认知结构、思维方式、学习方式等方面的差异，教师才能取得互补性和通融性。但是有效的团体学习同样离不开学生个体的独立学习。只有二者相协同，才能增进学生个体和团体的全面发展。

教育的过程不是可有可无的，不关注教育的过程而仅仅关注教育的结果，必然导致教育过程丰富性和价值性的缺失。同样，教学过程与教学结果是高职课堂教学中不可分割的两个环节，两者是相互依存、相互作用、相互影响的。首先，教学过程决定教学结果，如果学生不经过一系列的质疑、判断、比较、分析和综合等认识过程，就没有多样化的思维过程和认知方式，也就无从提升能力；如果没有多种观点的碰撞、论争和比较的过程，就难以真正理解和消化知识。英语课堂教学必须重视教学过程，只有丰富多彩、生动活泼的课堂教学过程，才能引导学生在探本求源中增长知识、获得智慧、提高能力。其次，教学结果又反过来影响教学过程，当学生领略到课堂教学过程的生动、具体、丰富和开放带来的魅力时，他们会以更大的热情和主动性投入到课堂教学过程中，进而取得更好的课堂教学结果，从而形成教学过程与教学结果的良性循环。可见，要实现教学过程与教学结果的协同，必须对教学过程予以足够的关注，不仅需要教师通过探究式教学以强化课堂教学过程，同样要求学生积极参与教学过程，引导学生重视分析问题、解决问题和探索真理的教学过程。首先，改革课程考核办法，变教师单方面的"一次考试"考核为"考试、出勤、课堂状态及合作表现等"的多元考核。教师可以根据课程性质的不同，赋予各考查因素以不同的权重，并根据学生各方面的表现及考试成绩综合评定学生成绩。考试、课堂状态由教师负责考核，合作表现由学生考核，出勤可根据实际情况由教师或学生负责人考核。这种多元考核可以把学生的注意力最大限度地引向课堂，达到丰富教学过程的目的。其次，完善课堂教学评价指标体系，增加教师课堂教学方法多样性和灵活性评价的指标，或加大这些指标的权重，引导教师重视课堂教学过程，注重教学方法的研究和实践。

5. 协同流程与效果

（1）教学流程

教学流程是按一定的方法和规律设计的教学方案教学流程包括三方面：

1）创设问题情境，激发学习兴趣——引发探究欲望

A. 联系生活实际及热点问题，创设问题情境

单纯的英语知识往往比较枯燥乏味，难以引起学生的学习兴趣和激发他们的学习情感，因此，要从现代生产、生活实际或社会热点问题出发创设情境，给出一些新鲜的、生动的、有趣的、真实的语言知识问题让学生解答，引发学生对真实问题的探究，进而诱发他们学习的兴趣，培养他们形成正确的英语思维方式。

B. 找准新旧知识的衔接点，创设问题情境

学生对英语的认知矛盾是激起求知和探究欲望的有利因素。在新旧知识的衔接点，教师要善于发现学生的认知矛盾，甚至寻找契机制造一些矛盾，引起学生的认知冲突，进而引导他们探究英语知识。

2）优化师生关系，激发学习情感——营造探究氛围

A. 留出空白，放手让学生自主探究，在课堂教学中教师可以在以下几个环节中留出"空白"，让学生去探索、思考。

第一，在寻找新旧知识的衔接点时留"空白"。

第二，在提问后留"空白"。

第三，当学生对知识认识模糊时留"空白"。

第四，在概括结论之前留"空白"。

第五，在出现错误之后留"空白"。

第六，在出现难题时留"空白"。

只有充分相信学生的内在潜力，留给学生充足的时间和宽松的空间，让他们去自行探究，才能激发他们的创造潜力。

B. 群体互动，提倡合作探究。教学中教师要提供探索材料，在鼓励学生独立思考的基础上，有计划地组织他们进行合作探究，以形成集体探究的氛围，培养学生的合作精神。

C. 激励评价，使学生保持探究热情。

3）挖掘探究资源，激发学习热情开展探究活动

第一，挖掘教材资源，开展探究活动。教材是供教学用的材料，但是，教师在教学中不能仅凭借课本，而应认真钻研和熟悉教材，针对教材中的知识点，充分利用各种教学资源，组织学生探究，以培养他们的探究能力。

第二，善用故错效应，开展探究活动。教师在课堂教学中，抓住教材内容的重点、难点或学生容易出错的地方，故意出错，引导学生去探究、纠正。这对保护学生创新意识，培养学生探究能力很有好处。

第三，紧扣生活实际，开展探究活动。英语知识来源于生活，又应用于生活。因此，教学时，要从学生的实际出发，布置实践性的题目，指导学生参加语言实际应用活动，把英语知识和生活实际紧密联系起来。

（2）教学效果

教学效果就是教学取得的成效，一般用以下标准来衡量：

第一，看教学目标达成度如何，教师是否高度关注学生的知识掌握。

第二，看教学效果的满意度，学生在教师的指导下，积极主动参与，90%以上的学生掌握了有效的学习方法，获得了知识，发展了能力，有积极的情感体验。

第三，看课堂训练题设计，检测效果好。

（3）流程决定效果

不通过一定的教学流程，没有多样性的教学思维方式，就不能产生消化和理解的教学效果。二者相互协同，才能实现丰富教学的目的。教学过程是学生掌握知识、发展智力的过程。掌握知识与发展智力既相互关系又有区别。在教学过程中，应正确认识和处理二者的关系，把掌握知识和发展智力统一起来，才能实现良好的教学效果。

第一，知识是发展智力的必要前提，是实现教学的基础。智力是掌握知识的重要条件。离开了知识的掌握，学生智力的发展就成了无源之水、无本之木。学生的智力发展水平不同，学习和掌握知识的效果便不同，教学效果就不同。

第二，掌握知识的过程是一种认识过程，也是一种占有人类认识成果的过程。发展智力是通过掌握知识提高认识能力的过程。二者的内容和规律不同。它们之间虽有密切的联系，但不一定成正比。没有知识，智力不可能强，但掌握知识多的人，智力也不一定强。二者没有线性关系。

第三，在处理二者的关系时，要防止在教学中单纯重视知识传授或单纯重视智力发展的偏向，要二者统筹兼顾才能实现良好的教学效果。把二者割裂开来既不利于知识的掌

握,又不利于智力的发展。

6. 协同理论与实践

课堂教学离不开理论,理论的内容和体系结构分别构筑了课堂教学的灵魂和骨架,离开理论的课堂教学不能使学生进行探究;英语课堂教学的实践既是学生"体验"的基地,也是理论"回归"的沃土,离开实践的教学是"空中楼阁"。理论与实践是互相依存、互相补充和互相促进的协同关系,才能为学生的学习打下坚实基础。

生活世界是科学世界的基础和来源,科学世界依托并服务于生活世界,两者关系的本质是实践与理论的关系。课堂教学的关键在于根据科学世界的自身逻辑和学生的心理发展规律,科学利用生活世界的教育资源,努力达成科学世界与生活世界的融通和整合。理论与实践是互相依存、互相补充和互相促进的协同关系,必须在理论教学中融入实践内容,为学生的跟班实习和顶岗实习打下坚实基础。英语课堂教学中,理论与实践的协同主要体现在两个方面:一方面是通过实践来验证和理解所学理论;另一方面是应用理论探索解决实际问题的方法和模式。实现两者协同可以采取多种方法:一是以案例模拟实践,进而理解理论;二是深入现场实践,达到理解理论或运用理论解决实际问题的目的。

7. 协同教书与育人

英语课堂教学中,必须把教书与育人有机协同起来,通过教书来育人,通过育人达到教书的目的。在教学过程中,师生间要形成良好的人格互动,实现教书与育人的协同。

教学的基本价值、先在性的价值追求应是实践理性,是人的伦理美德。具体来说,它包括合作、进取、坚强、责任、理想、价值观、人生观等,这些应是传授知识过程中高于知识传授的教学价值。可见,在英语课堂教学中,必须把教书与育人有机协同起来,通过教书来育人,通过育人达到教书的目的。为此,需要把育人工作渗透到英语课堂教学的所有环节。首先,任何知识都包含社会道德、社会理想、人生观等背景,教师应注意挖掘教学内容的育人因素,并适时对学生进行人生观、价值观教育。其次,注意观察学生的行为,对于学生在课堂中的良好言行给予及时鼓励和支持,而对于不好的言行,要在不伤害学生感情和自尊的情况下适时地给予提醒。最后,教师的一言一行、处事方式、人生态度都会对学生产生潜移默化的影响。教师应以高尚的情操、宽广的胸怀、实事求是的作风、踏实工作,勇于创新,为学生做出表率。同时以巨大的热情鼓舞学生,促使学生形成积极、进取的人生态度,严谨、坚韧的探求精神,客观、全面的自我评价观念,师生间形成良好的人格互动,实现教书与育人的协同。

8. 协同专业与素质

专业是指人类社会科学技术进步、生活生产实践中,用来描述职业生涯某一阶段、某一人群,用来谋生,长时期从事的具体业务作业规范,也指高等学校或中等专业学校根据社会专业分工的需要设立的学业类别。各专业都有独立的教学计划,以实现专业的培养目标和要求。

素质一词本是生理学概念,指人的先天生理解剖特点,主要指神经系统、脑的特性及感觉器官和运动器官的特点。素质是心理活动发展的前提,离开这个物质基础就谈不上心理发展。各门学科对素质的解释不同，但有一点是共同的，即素质是以人的生理和心理实际为基础，以其自然属性为基本前提的。也就是说，个体生理的、心理的成熟水平的不同决定着个体素质的差异，因此，对人的素质的理解要以人的身心组织结构及其质量水平为前提。

素质就是一个人在社会生活中思想与行为的具体体现。在社会上，素质的一般定义为：一个人文化水平的高低，身体的健康程度以及家族遗传于自己惯性思维能力和对事物的洞察能力，管理能力和智商、情商层次高低以及与职业技能所达级别的综合体现。

人的素质包括重量素质、心理素质和文化素质，素质只是人的心理发展的生理条件，不能决定人的心理内容与发展水平。人的心理活动是在遗传素质与环境教育相结合中发展起来的。而人的素质一旦形成就具有内在的相对稳定的特征，所以，人的素质是以人的先天禀赋为基质，在后天环境和教育影响下形成并发展起来的内在的、相对稳定的身心组织结构及其质量水平。

专业知识是指一定范围内相对稳定的系统化的知识。俗话说，隔行如隔山，山就是特定的专业知识。对于从事专业工作的人来说，自然需要熟悉和掌握本专业的知识体系。综合素养是指个人在思想与认识方面的成熟程度，在心理和人格方面的健全程度，在知识结构方面的合理程度以及在处世上的通达程度等多方面表现的总和，也就是说一个人的知识水平、道德修养以及各种能力等方面的综合素养。人的综合素养的全面提高是社会发展的一般要求和趋势，尤其是当前知识经济社会，提高人的综合素质尤为迫切。

具备专业知识和综合素养的人才够称为人才。一个合格的人才必须具有良好的思想道德品质、敏捷的综合应变能力、优良的专业素质及很好的心理承受能力。真正的人才，不在于他是否具有高学历，而在于他好不好学，有无脚踏实地的实干精神。一个人想要成功，要靠综合素养，就是靠人的修养、学问、技能。

9. 协同能力与素质

教育部《关于深化教学改革培养适应21世纪需要的高质量人才的意见》中明确指出："在传授知识与培养能力和培育素质的关系上，树立着重素质教育，融传授知识、培养能力与提高素质为一体，相互协调发展、综合提高的思想。"能力，一般指实现一定活动的才能，能力必须以素质为基础。素质的特点是"内凝"，是人在其活动过程中非对象化的结晶，而能力是"外显"，是人在其活动过程中对象化的展现。能力和素质相比，素质更根本。素质是能力的基础，能力是素质的体现，能力的大小是由素质的高低决定的。在英语教学过程中，把培养学生的能力和素质教育协同起来，才能实现人的全面发展，才能取得英语教学的成功。

10. 协同学校与企业

学校的作用一是打开经验世界，一个人必须把自己的经验，拿来不断与他人的经验相互印证，视野才能广阔，判断才能准确，思路才会清晰，人的内在世界才能充分发展。学校的作用就是要为学生打开经验的世界，让学生的经验与别人的经验相联结，从中了解自己在世界中的位置，由此来反观自己，了解自己。二是发展抽象能力。所谓抽象指的是把事物的部分性质抽离出来，赋予这性质以一种"概念"。概念是摸不到、看不到的东西。人只能通过抽象才能把世界缤纷凌乱的各种现象、各种经验，加以梳理，从中洞悉世界的普遍性，而与世界真正联结。而要发展人的抽象能力，就必须通过学校进行系统的学习。人若不系统地学习，抽象能力便不易深入发展，而抽象是人类文明的重要特征。学校的优势在于能够有目的地、系统地培养学生的抽象能力。三是给学生留白。留更多的时间与空间，让学生去创造，去互动，去冥思，去幻想，去尝试错误，去表达自己，去做各种创作。

企业是培养学生进行实践教学最好的场所，是以培养学生综合职业能力为主的教学方式实施的重要途径，是实现职业教育培养目标的关键教学环节，它与理论教学相辅相成。就英语专业而言，探索实践教学创新之路，是专业建设的切入点和突破口，是为了突破该专业普遍存在的实践教学目标不明确、实训项目不具体、专业核心技能训练不突出、实训方法和实训手段单一、学生实际操作技能不强且难以量化考核等方面的局限性。

学生到正常运作的企业里实习，实训的内容也是学生今后工作的内容。在真实环境下进行认知实践和顶岗实习，不仅能培养学生语言的实际应用能力，而且能使学生经过企业相关人士的言传身教，加强职业综合素质的培养。另外，企业（校外实践基地）可以在学生毕业实习和设计中起到良好的作用，学生毕业设计可以结合基地企业的工作实际来选题，通过专业教师和基地企业业务骨干联合指导来完成毕业实习和毕业论文。校外实训基地充分利用企业资源和环境，有力地促进了就业与岗位零距离目标的实现。

学生在企业进行顶岗实习，这样他们就有了实践的平台，能提升学生所学的理论知识和实际动手能力，发挥理论指导实践的作用，为学生将来在企业里工作打下坚实基础，使学生在学习过程中系统地接受职业岗位素质训练，在走向社会后可较快适应从学生到职业人的转变。同时使其在毕业时理论知识达到一定的高度，同时又具有符合企业要求的实际动手能力，适应社会企业对技术人才的需求。因此，在英语教学中，企业与学校的协同也是协同论在英语教学中的具体体现。

第七章　高职英语教学与职业能力培养

第一节　高职英语教学与职业能力培养的内在联系

一、高职英语教学与职业能力

（一）高职英语职业能力体系概念

高职英语职业能力培养体系是高职英语教育改革的重点工作。职业能力培养是高职教育的目标与特色，为了培养高职英语专业学生的职业能力，加强英语专业教育与社会企业的衔接，许多高职院校的英语专业在课程设置上以模块为特色，将英语专业与行业英语互相结合，设计了以职业能力为特色的培养模式，充分利用课堂教学、课程综合实践、毕业综合实践、校外实训等平台培养学生的职业能力。与行业接轨的教学模块有商务英语模块、旅游英语模块、涉外翻译模块及幼小英语教育模块等。这样的课程体系设置充分体现了"以提升学生职业能力为导向，以职业能力为核心"的办学理念，也体现了职业教育紧密结合实际、以培养社会需要的实用型人才为目标的特点。高职英语职业能力培养体系构建的理念：市场需求是职业能力培养体系构建的依据，职业能力培养体系的构建应坚持以企业需求为主要依据。应根据市场调查、毕业生反馈的用人单位信息分析总结用人单位对人才素质的要求，对课程设置内容的需求度，以此提高职业能力培养体系的时代性、科学性、针对性，真正做到以企业需求促进职业能力培养体系建设的完善。要对各企业需求的人才素质进行科学分析，了解市场紧缺的人才类型，认真分析本院专业建设的现状，借鉴同类院校职业能力培养的模式，制订可行的培养计划。

（二）高职英语职业能力培养体系应包括的内容

高职英语职业能力培养体系应体现两大主题，即英语应用能力和职业技能。企业招聘高职英语专业学生首先看重的是英语语言应用能力，在此基础上具备良好的职业技能者会更有优势。因此，首先应明确英语应用能力在将来择业时的重要性，要打好语言基本功，将专业知识学扎实，全面提高学生听、说、读、写、译的能力，在此基础上，结合行业英语的特点培养学生的职业能力。高职应用英语专业培养的人才要求具有良好的职业道德和职业素质，行为规范符合本行业的准则，具有良好的个性品质，具有一定的实践能力和创新能力、语言应用能力。高职应用英语专业培养的人才要求具有扎实的英语语言基本功,具有较好的英语表达能力,熟悉本行业适合的语言表达方式与沟通技巧,具有一定的应用英语写作能力,能合理规范地完成行业英语相关书面材料的撰写。高职应用英语专业培养的人才要求具有一定的行业英语理论知识,熟悉行业英语应用的流程与组织应用方式,能合理地将理论知识应用于实践,具有一定的实践能力、开拓创新能力。高职应用英语专业培养的人才要求在熟悉理论知识的基础上,能发挥个性特长,创造性地将理论知识应用于实践。

(三) 加强高职英语职业能力培养的必要性

1. 我国高等职业教育的本质目标为提升高职英语职业能力

高等教育探讨会的思想内涵分为三个层次,第一层次关于学术和工程之类的教育主要由普通高等教育即本科或者研究生来进行,第二层次的技术型的教育隶属于高等职业教育,第三层次普通的技能理论课程属于中专教育范畴。至今,社会普遍将第一层次定义为专业知识教育,第二、三层次属于职业教育。高等职业教育和专业知识教育的主要不同之处就在于两者的人才培养计划和目标有着本质区别,前者注重实践技术,是技术方向的人才;后者注重理论研究方面,是研究方法的综合型人才。提高学生的综合职业技能是高职教育的教育宗旨的重要体现,也是其不同于其他教育类型的重要标志。我国高等职业教育确定了其中心任务就是培养学生的职业能力,这也是高等职业教育与普通高等教育的最本质的区别。

2. 加强高职英语职业能力培养是我国高职教育改革的指导思想

深化高职教育的内容改革,发展受教育者的综合职业能力,提倡工作岗位和学习内容相协调,注重学生实践能力的提升,以此来构建有针对性的教学体系,全面提升职业教育的教学水平。此外,还要结合学生实际,引导学生养成良好的学习习惯,提高学习质量,发展社交能力和集体责任感,整体提高学生的综合素质。通常在高等职业教育机构中,英语教育并不具有利地位,但是,不能因此忽视它的作用,而是应该着重促进其发展,使其不仅可以成为教育本身与同行竞争的一个优势条件,还能为学生的长远发展奠定基础。

(四) 高职英语职业能力培养体系的构建

人才培养方案的制订应结合企业需求与英语教学的特点,确定本专业培养目标、课程设置、课堂教学模式及校外实践训练方式。要将英语能力的培养与职业能力培养相结合,根据培养目标确定本专业课程设置,各模块课程设置的内容应体现以下三大主题:

1. 英语语言能力培养

要针对企业的需求确定不同行业英语语言能力培养的侧重点。比如,小学或幼儿园对幼儿英语教师的发音与语言表达能力要求较高,因此,对学生应加强语音和课堂教学用语的训练;商务英语则要侧重语言交流能力、写作翻译能力的训练;旅游英语不仅要侧重训练学生的听说能力,还应扩大学生的知识面,补充相关文化背景知识。

2. 职业能力培养

应以职业能力为核心,建立以能力为本的课程体系与教学内容,明确各门课程的职业能力标准。商务英语的培养目标是使学生了解国际贸易、营销的基本理论并掌握一定的工作流程，具备一定的商务操作能力，课程包括外贸英语函电、报关业务、外贸单证实务、电子商务、涉外文秘等；幼小英语教育则要使学生了解幼儿心理学与教育学相关知识，掌握幼儿英语教学的相关技巧与方法，灵活运用课堂管理策略。

3. 专业素质拓展

应针对不同用人单位的具体岗位需求全面补充、拓展学生的专业素质。幼小英语教育培养出来的学生，不仅要掌握针对少年儿童的教学方法与策略，还应尽量全方位地完善自我，在课程设置的内容上也应根据幼儿园和小学的教学要求，补充相关的辅助教学方法，如简笔画、手工制作、音乐、舞蹈等；旅游英语专业不仅要使学生了解导游的相关知识，还应使学生对酒店服务与管理等业务有所了解，这样可以丰富学生的知识面，扩展学生提升职业能力的渠道。

（五）人才培养方案的实施

1. 构建仿真教学环境

可将课堂教学环境营造成仿真工作环境，或建设校内实训室，教师采用情境教学法、案例教学法、小组讨论法等教学方法，充分利用各种资源，使学生主动积极地体验、演练，从而提高学生的职业能力。教师应尽量利用校内的商务实训室、旅游实训室、幼小实训室创建仿真场景进行教学。比如幼小实训室可以根据幼儿园或幼教机构的教室布局风格，将椅子环状布置，让教室中心有充足的活动空间，使学生能够自如地进行教学活动的组织与演练；旅游实训室可以创建仿真的旅游车、旅行社，设置机场接待、酒店入住、景点介绍等场景，使学生能够在模拟场景中演练本专业知识，提高职业能力。

2. 创建校外实践基地

要积极联系与本专业相关的能提升学生职业能力的单位，努力创建校外实践基地，给学生提供实践演习的平台，在提升学生职业能力的同时，为学生提升职业能力做好储备工作。幼小英语教育可以根据学生提升职业能力的方向联系幼儿园、小学、幼教培训机构等单位，使学生能够有机会在实际岗位见习、实习，将课堂上所学的理论知识与教学技能运用于实践，通过实践进一步发现自己的不足之处，从而激发学习热情；商务英语教育可以充分采用"请进来"的模式，联系企业的优秀员工及管理人员给学生做讲座或进行专项技能培训，使学生对用人单位的方方面面有更深入、更全面的了解，也可以努力将一些中小企业发展为校外实践基地，建立长期良好的合作关系，使学生能在实际岗位上得到锻炼，进一步提高职业能力。

3. 加强毕业综合实践与创新创业的指导

要充分利用学生的毕业综合实践，指导学生将提升职业能力实践与创新创业相结合，在实践中积累经验，并及时做好总结与反思工作，积极寻找适合自身发展的创业契机。在对高职应用英语专业学生的考核评估方面，不仅要考核学生的英语语言知识掌握运用情况，还应对其职业技能进行考核。各模块应根据企业要求制订具体的考核标准与考核项目，将实践项目与考核相结合，重点检测学生的职业能力及相关的职业素质。因此，英语专业的高职毕业生不仅要具有英语四级、六级证书,还应具有与模块相应的技能证书,比如小学英语教师资格证书、导游证书、单证员证书等。高职英语职业能力培养体系的构建必须体现"以提升学生职业能力为导向,以企业需求为依据"的指导思想,专业教师应该有效安排学生的课堂学习与校内外实践,全面提升学生职业能力,使学生成为深受企业欢迎的实用型人才。

(六)启示与建议

高职教育的目标应该把学生的职业能力放在首位。但当前的高职英语教育还是沿袭了传统的教学模式,使得教师在授课过程当中还是扮演着课堂的主要角色,学生仅仅掌握一些基本的语言,而没有充分发挥学生的自我能动性和口语交流的能力。传统教育的模式使得学生只是掌握理论知识上,而缺乏工作实际需要的东西,没有自我学习和自我创新的能力,没有沟通和解决问题的能力。另外,学生的实际水平与用人单位对于高职学生的英语水平的要求存在差距,高职学生具有竞争力。

在进行高职学生的教学过程当中,必须要深刻地了解用人单位对于高职学生有哪些语言知识和语言能力的要求,再进行对症教学,有助于学生未来就业。为了缩短因为传统教学模式而导致学生的英语水平不尽相同的情况,必须要改变现在的公共英语教学职业能力培训的方式,有效地建立系统性、高效性的高职英语教学方式。英语在实际工作当中是交际的语言工具,要重视高职英语的重要性,深刻地认识到其实用性和独特性,准确定位高职英语的教学理念和教学的出发点,要形成以学生为主体的教学工作,而不是以语言的本身特性为主,这样才能够发挥高职英语提升职业能力的作用。

高职公共英语与教学模式的结合有利于职业能力的提高,并且可以充分地表现出公共英语是一门具有针对性的课程,能够反映高职教育的独特性。为了克服传统公共英语评价对象的单一化,应该构建多元化的评价方法,形成专业的公共英语教学评价,提高学生的语言技能。除此之外,还要重视学生的职业能力和实际操作的能力,以便学生能够在未来的工作中更具竞争力。

总而言之,高职公共英语教学必须要从用人单位对学生要求的角度出发进行教学工作,以未来就业为目标,形成与之对应的英语教学的方式,提高学生的职业技能、职业素质。因此,教师在教学的过程当中必须要充分地对学生进行学习能力的培训,慢慢地引导其走上自我学习和自我创造的道路,提升他们的终生学习能力和创新能力,真正实现高职教育英语的要求,为我国的各行各业提供高能力的专业型人才。

二、英语语言能力是职业能力的重要内容

高等职业教育的目标是培养应用型、技术型人才。高职英语教学,作为一门基础课,服务于这一总体目标。近年来,高职英语教学正在由传统的知识型方法向语言交际运用型过渡。高职英语,作为一门语言课,教师如何引导学生学习英语,高职英语教学如何能为培养合格的高技能人才服务,这是广大教师共同关心的问题。本章通过分析目前高职英语教学现状,意在探讨任务性语言教学在高职英语教学中实施的可行性和必要性。

（一）语言教学在高职英语教学中的可行性

1. 高职英语课程的实用性要求是实施语言教学的理论依据

中国加入世界贸易组织以来，国际交往日益增多，掌握英语这一世界性交际语言显得日趋重要。高等职业教育作为高层次的职业教育对英语教学有比较高的要求。作为高职教育基础课程之一的英语教学，也必须服从于这一教改的总体要求，充分体现实用为主、够用为度的大方向。英语语言应用能力的培养是当前英语教学界普遍关注的热点问题。根据高职高专培养的总体目标，必须以毕业生在未来实际工作中将会面临的涉外业务英语活动为核心，并以此来确定教学目标和教学内容。

2. 高职英语的教学特点是实施语言教学的客观依据

高职英语的教学与高中英语和大学英语的教学有着明显的区别。高职英语教学没有高中阶段英语教学应试的压力，也不像大学英语教学那样，对学生掌握学习策略和提高综合文化素养有特别的要求，高职高专教育培养的是从事技术、生产、管理、服务工作的高级应用型人才，通过英语课程的学习，学生应掌握一定英语基础知识和技能，具有一定的听、说、读、写、译的能力，从而能借助词典阅读和翻译有关业务资料，在一般涉外交际活动和业务涉外交际活动中进行简单的口头和书面交流。高职英语教学注重对学生实际运用英语能力的培养，注重英语综合知识的实用性。这种客观的教学环境更加有利于语言教学的实施。教师在实际教学中可以把听、说、读、写、译能力的培养有机地贯穿到每个教学任务中去，通过任务的完成来启发、引导学生，最大限度地调动学生学习英语的积极性。

3. 高职学生的特点适宜在课堂上引入语言教学

正如在高职英语教学现状中所提到的，高职学生的英语入学基础普遍比较差，他们虽然也能意识到英语学习的重要性，但以往的英语学习不成功的经历使他们面对高职阶段的英语学习时有一种畏难、缺乏信心的心理状态。而从语言教学理念来看，这些问题可以在语言教学课堂上得到解决。首先，语言教学有明确的具体目的，有利于激发学生的学习动机。在完成任务的过程中，学生容易看到学习的价值，有利于激发其学习主动性；容易看到成绩，体验成功，有利于激发学习积极性；同时能感受到自我的不足之处，有利于激发自我完善的欲望，启动不断学习的内在动力。其次，语言教学以"以人为本"为核心理念，倡导小组合作学习的形式可以降低学生的"情感过滤"，为学生创造一个积极、良好、宽松的学习环境。在小组活动中，合作性学习能充分满足每个学生归属感的需要，在课堂上完成教师布置的任务时，每个学生受关注和受评价的范围扩散，因而其被评价的焦虑感相对地降低。而且合作学习使每个组员的价值和重要性都在小组成绩中得以体现，学生在取得成果的过程中会产生一种积极的情感体验，从而坚定其学习自尊心，增强其学习英语的自信心，激发其学习兴趣。另外，任务型教学要求将真实的材料引入学习环境，可以把学习者个人的生活经历作为课堂学习的重要资源，将课堂内的语言学习与课堂外的语言活动结合起来。而高职学生的生活经历比中小学生丰富，课堂内他们将有更多的话题可谈，可设计的任务也更为丰富，因此在高职英语课堂实施语言教学也更为可行。

（二）以提升学生职业能力为导向，培养英语语言能力

1. 以提升学生职业能力为导向，建立人才培养目标

随着全球经济一体化进程的加快以及我国对外开放逐渐呈现出全方位、多层次、宽领域的大好局面，社会上对于具有一定英语水平、熟悉经贸知识并了解国际惯例的职业技术类人才的需求也日益增加，高职英语的人才培养目标也必须从原来的对英语听、说、读、写、译五项基本技能的培养转变为培养具有一定知识能力、方法能力和社会能力的综合素质的全面人才。其中"知识能力"是指所培养的人才应具备扎实的英语听、说、读、写、译方面的语言技能，在商务活动中能熟练运用英语进行口头和书面的交际。"方法能力"是指所培养的人才掌握丰富的专业知识，了解国际金融和贸易、市场营销、电子商务等专业常识，具备一定的市场调研能力、商务谈判能力、产品推销能力和商务文书写作能力等，能在将来的工作岗位上独当一面，有较好的职业发展空间。"社会能力"是指具备较强的继续学习能力、自主创新能力、分析问题和解决问题的能力、人际交往能力、团队协作能力等可持续发展能力。

2. 以能力为本位，设置课程体系

目前，很多高职院校更重视专业课程建设，而对英语这样的基础必修课有所忽略。实际上英语是学习领域课程中的核心课程，学习者在听、说、读、写、译方面的技能体现在未来工作中的各个重要方面，本课程对学生专业能力和职业素质的形成起到关键的作用，因此，以提升学生职业能力为导向进行合理的课程设置是非常重要的。在课程设置上，我们除了要向学生传授基础语言知识、培养语言能力之外，还应格外注重发展学生的语言应用能力，以学生未来就业岗位群的知识、能力和素质需求为依据，以提升学生职业能力需求为导向，以培养英语语言交际能力为核心，坚持理论教学与实践紧密结合，培养技术应用型的英语人才。

3. 以工作流程为导向，设计实践教学环节

高职院校以社会适应为目标，以培养未来的高技能应用型人才为根本任务，在培养目标上更需要突出职业性、实践性等特点。但目前高职院校的英语课程多以基本语言训练为核心，很少有课程能把英语语言学习和工作流程中所涉及的具体工作任务相结合，因此，能让学生在实践教学环节中、在具体的工作环境下使用英语去表达，成为高职英语课程的一个主要目的。在课堂教学中，教师应遵循以学生为中心的项目教学法原则，在课堂上涉及大量的任务和活动，可以营造一种仿真情境，让学生在"训练"和"实践"中学习，在情境中增长才干和积累经验，有效地将知识转变为专业性技能技巧，提高其解决问题和处理问题的综合能力。

4. 以提升学生职业能力为导向，创建科学合理的评价机制

科学的课堂教学评价是提高教学质量的重要手段，也是教学过程中的重要组成部分和不可缺少的环节。但是在目前，高职院校中的英语四级考试以及英语应用能力 A 级考试一直是评判英语教学质量优劣的重要标准，教师和学生也都把这种考试作为英语教学和学习的最终目标，导致教师的教学理念和教学导向均不能适应学生就业的要求。为适应社会对

就业人员专业素质的需求,在教学评价时要注重把学生的职业能力作为教学评价的核心目标,其中应包括英语语言组织能力、专业环境下的语用能力、运用英语开展业务的能力以及职业素质的养成。因此,在考核评价机制上,教师应进一步加大实践环节的考试,并将实践能力和资格证书考试相结合,强化技能训练,督促学生注重实践能力的培养,增强毕业生就业竞争力。

(三) 启发与建议

作为一种以促进学生主动发展为宗旨的新型教学模式,语言教学体现了英语教学从关注教法转为关注学法,从以教师为中心转为以学生为中心,从注重语言本身转到注重语言习得与运用的变革趋势。该模式的核心理念符合高职高专培养学生的英语实际应用能力这一教学目标。本书在对语言教学相关理论和要素进行分析、阐释的基础上,结合高职英语的教学现状并借鉴任务型教学框架,尝试将语言教学模式引入高职综合英语课堂教学,期望能够探索出一条行之有效的高职英语任务型教学模式,为促进高职英语课堂教学质量的整体提高起到积极的作用。

三、高职英语教学的职业性特点及改进对策

目前,我国高职院校主要是培养适应生产、建设、管理、服务第一线需要的高级应用型技术人才。因此,高职院校的英语教学必须从高职院校人才培养的总目标出发,在教学中贯彻以应用能力为主线的思想原则,积极探索适应高职生提升职业能力需要的英语教学方式方法。

对高职生英语能力的要求社会调查显示,很多企业在用人过程中发现高职毕业生英语能力和水平一般,有的还比较差,不能适应企业的需要,三资企业反应更为突出。一些企业引进了大型的进口机器设备,为了能熟练地操作并对机器进行日常维修,对技术员工的英语水平要求较高。在三资企业,管理人员和技术员工还必须具有用英语与外籍员工进行业务沟通的能力。因此,很多企业建议,高职院校要加强高职生英语能力的培养,听力、口语等英语交际能力要过关,专业英语水平也要达到相当程度。一些企业特别是外资企业负责人认为,员工的英语能力直接关系到他们在企业的发展,技术人员若能熟练地使用英语,他们在企业将会有更大的发展空间,纵观目前社会对学生英语能力的需求,实用能力早已毫无疑问地排在了首位。企业在选择人才时,基本上都要求学生能看懂资料,能开口说、动笔写。尤其在外企,对人才的语言要求更高,能开口交流、沟通是必备素质。

(一) 高职英语教学的职业性特点

根据高职院校人才培养的总体目标,高职毕业生在未来的实际工作中将会面临涉外业务活动。因此,高职学生英语教学具有职业性特点,但它又不同于职业英语。职业英语主要是指工作上应用的英语,特别是在商贸活动中运用英语沟通的能力。不同的工作岗位,对员工在英语会话和书写方面有不同要求。现在比较流行的美国的托福、托业,英国的雅思,都是典型的职业英语考试。实际上这种职业英语,就是工作场合的一般性语言,或者

叫作办公室英语、文秘英语,也就是在各种办公室通用的核心语言。我们所说的职业性特点指的是在某一个行业所使用的英语,比如,营销、财会、自动化,等等。高职学生将来主要不是通过阅读外文专著来提高科研和学术水平,而是能运用英语解决实际业务问题,能看懂应用文献进行涉外业务工作,如单证、说明书、手册、专利、合同、广告,等等,有时还要书写应用文,如通知、商业函件、个人简历、广告、合同等,能在一般涉外交际活动和业务涉外交际活动中进行简单的口头和书面交流,能借助词典阅读和翻译有关业务资料等。

(二)改进高职英语教学的主要对策

高职英语教学的目的不是为了考试,而是为了应用,而且要体现职业性特点。因此,高职院校的英语教学必须把提高学生应用能力作为第一要务。

1. 重视英语教育与提升学生职业能力标准相兼容,培养行业所需的应用型人才

根据高职高专培养人才的总体目标,高职英语教育必须以毕业生在未来的实际工作中将会面临的涉外业务英语活动为核心,并以此来确定教学目标和教学内容。

2. 突出语言的实际应用,加强语言技能的培养

高职英语课程的教学目的是培养学生掌握必需的英语语言知识和语言技能,具有阅读和翻译与本专业有关的英文资料的初步能力,并为进一步提高英语的应用能力打下一定基础。当前,高职英语教学没有明显的针对性,是造成高职毕业生在实际工作中基本上不具备使用英语的能力的重要原因之一。因此,英语的教学内容要以应用为目的,以"必需、够用"为度。需要指出的是,由于受教学时长与学生入学水平的限制,高职英语教学不能走先基础、后应用的本科英语教学的路子,而必须走基础和应用并重的道路。教学过程中,在注重语言知识教学的同时,要注重一般语言交际和涉外业务交际应用能力的培养,要加强实用阅读的训练与培养,也就是加强对实用应用文献的阅读和模拟、套写训练,使学与用更加紧密地结合起来,实现培养实际应用能力的目标。

3. 针对学生入学水平参差不齐现象,实行分层教学

由于目前我国高职院校学生的英语入学水平参差不齐,学生的学习动机、学习态度、学习方法、学习热情等情趣意志方面存在着比较大的差异。有的学生只为拿到文凭,毕业后好找工作,有的学生则希望毕业后继续深造;有的学生学习有畏难心理,有的学生能迎难而上;有的学生掌握了良好的英语学习方法,学习轻松,有的学生学习方法不当,事倍而功半。如果忽视学生的这种差异性,教学肯定达不到较好的效果,造成差的跟不上,优的"吃不饱"。因此,在教学中应当分层教学,教学活动层次化,由低到高发展,使各层次的学生都能得到相应提高。分层要打破传统的教学班的划分方法,根据不同学生之间基础能力水平差异和认知水平的差异,划分若干层次的教学班级。同时,根据不同层次的学生制订不同的教学目标,合理安排教学内容,由学生自己选择班级,这样既有利于调动学生的学习积极性,又有利于提高学生的学习和探究能力。

4. 改革教学方法和教学手段,充分调动学生学习的积极性

在抓好课堂教学的同时,积极开展课外教学活动。课堂教学与课外活动是英语教学体

系中两个重要的组成部分。对于高职英语教学来说，课堂教学是基本的教学形式，起主导作用。但课外活动的作用应当得到足够的重视，它对学生掌握知识、培养技能起着不可低估的作用。教师可以通过组织课外活动，进一步巩固课堂教学内容，并使之深化和个性化。此外，开展课外教学活动可以给学生提供更多的语言实践机会。例如，举办专题讲座，组织各类英语竞赛，开办英语角，观看英语录像片，欣赏英文歌曲，成立英语学习兴趣小组等。课外活动的多样化可以激发学生的学习兴趣，扩大学生尝试自己能力的范围，增加教学活动中创造性活动的成分，培养学生的自学能力。

在教学手段上，要充分利用计算机多媒体、网络技术等现代化的教学手段，改变以教师讲授为主的单一教学手段，营造现实的和虚拟的高职英语教学环境、学习和训练环境，使之成为学生英语学习与训练的平台。总之，高职英语教学要充分体现英语教学的实用性、文化性和趣味性相融合的原则，教师要充分调动学生的积极性，特别是要确立学生在教学过程中的主体地位。

四、提升学生职业能力的渠道

我国用人单位不仅要求高职毕业生具备相关专业的技能和知识，还对学生的英语水平提出了更高的要求。高等教育开始从精英教育转变为大众教育，经济体制改革客观上造成对高职学生需求模式的转型，在两种转型尚未实现之时，提升学生职业能力矛盾日渐凸显。但与之相对应的是英语市场需求日益扩大，英语能力成为衡量高职学生能力的一个重要指标，并对高职学生提升职业能力产生重要的影响。

（一）英语对高职学生提升职业能力的重要性

新时期下，我国越来越重视对英语的学习，英语成绩也成为各种升学考试中重要的考核标准。近年来，随着经济水平的提高，各行各业中都不可避免地涉及一些与英语相关的工作，这就要求新时期的高职毕业生必须掌握英语。全球化国际化的发展下，未来的人们终究会生活在地球村，国与国之间的贸易和商务往来日渐增多，可以说当今世界上没有任何一个国家是脱离其他国家而独立存在的，我们每一个人都不可避免地会成为全球化的一分子，因此，对高职学生而言，掌握英语就显得相当重要。掌握英语不仅方便生活，还满足社会对英语人才的需求。

（二）用人单位对高职学生英语水平提出高要求

经济全球化的发展背景下，用人单位开始走出国门寻求更多更广阔的发展市场，为此，他们对高职学生英语能力提出了更高要求，甚至有些企业明确要求高职学生必须通过英语四六级考试，否则一概不录取。据不完全统计，对英语水平有要求的岗位主要有经济、贸易、营销、电子商务、金融，等等，而且这些工作岗位的薪资明显高于对英语水平没有要求的岗位。一些高职学生由于英语能力欠缺，不得不选择薪资低、发展前景差的工作。由此，英语对提升学生职业能力具有相当重要的影响，甚至会严重制约提升学生职业岗位的选择。

（三）英语对高职学生提升职业能力产生的影响

1. 英语有助于提升学生职业竞争力

21世纪是全球经济一体化的时代，英语水平显得尤其重要，英语水平的提高，某种程度上提升了学生的职业竞争力。经济全球化发展，国际之间交流增多，作为通用语言的英语便显得尤为重要。对于企业而言，企业想要谋求更长远的发展必须走出国门，这一背景下企业需求的不仅仅是具备扎实专业技能的人，也需要英语水平较高的人，既具有专业知识又具备英语能力的人才被用人单位所青睐。高职英语改革的目的在于培养具有综合英语应用能力的高职毕业生，作为改革对象的高职学生首先应该意识到英语的重要性，意识到英语能力对提升职业竞争力具有重要作用，要提高英语应用能力和职业技能，培养创新精神，切实提高英语文化素养，达到用人单位的要求。为此，高职学生应发挥主观性、创造性、能动性积极提高英语水平，进而提升职业竞争力。英语能力的掌握能够提高自己的竞争优势，成为国家发展必不可少的栋梁之材。

2. 英语有助于获得更多提升学生职业能力的机会

英语作为国际上重要的交流语言，使用的人越来越多，在工作中大部分的邮件都是通过英语完成的。国际化的电视节目中，使用英语进行讲解，也就是说英语存在于生活与工作中的方方面面，甚至高科技资料的编写，也多是采用英语。总而言之，英语不论是在政治经济方面还是在文化方面都为全球化的发展搭建了桥梁。高职学生为顺利提升职业能力必须对英语重视起来，掌握英语能为高职学生获得更多的提升职业能力的机会。近年来，我国经济虽然发展迅速，但与发达国家相比仍存在较大差距，一些先进技术、先进科技还需要借鉴西方先进国家，为此需要与西方进行交流和学习。倘若不具备英语能力，就会丧失学习技能的机会，制约个人能力的提高，还阻碍我国经济的发展。高职学生作为祖国的未来，担负着富强中国的重任，为此，高职学生需要努力学习英语，掌握这门语言，为自己获得更多地提升职业能力的机会，为国家收获更多的成就和技能。

3. 英语有助于开阔眼界，提升自己

社会在不断地发展，需要的人才日渐多元化，除了专业技能之外的相关能力越来越重要，这些相关能力不仅能够帮助自己对新知识进行探索，也是优于其他人的优势。英语学习更能够开阔眼界，东方文化与西方文化在不同的社会背景下出现和发展，必定有着千差万别的思想、理念与精神。倘若掌握英语就可以对西方文化进行研究，就可以与西方人进行交流，可以走出国门学习外国的先进技术与科技。开阔眼界，必然提升自己，能力的提升更容易获得工作，也更能够体现出自己的价值。

（四）启发与建议

首先，重视高职英语在人才培养过程中的地位。英语水平已是影响学生提升职业能力的一个重要因素。当前，我国正处在深度融入世界经济一体化的进程中，对外交流越来越广泛，越来越深刻，社会用人单位也迫切需要专业能力扎实、英语基础好的优秀毕业生。在这一历史背景下，独立学院作为培养社会应用型人才的摇篮，理应承担起为社会用人单位输送专业基础好＋英语技能扎实的应用型人才。因此，独立学院在重视专业知识学习的基础上，也要想方设法拓展学生的英语水平和英语技能，这样就能有效地提升独立学院毕业生的职业能力，进而提升独立学院的办学声誉，吸引更多优秀学生、优秀教师及其他优质教育资源，实现独立学院的良性运营和发展。

其次，调整高职英语课程设置，全方位地提升独立学院学生的英语水平。在调查研究中，我们发现学生英语水平越高，其产生的社会效应越强，因而全方位地拓展学生英语水平势在必行。大学一年级主要进行英语基础技能训练，夯实学生的英语听、说、读、写、译能力，在大学二年级和三年级主要开设专业英语课程将英语技能训练和专业知识学习有机结合，拓展学生专业英语技能，提高学生解决实际问题的能力，培养社会所亟须的懂专业、会英语的复合型、应用型人才，这也跟独立学院的办学理念不谋而合。

最后，我们也需要认识到英语水平并不是影响学生提升职业能力的唯一因素，学生的家庭背景、专业素养、政治面貌等也会在一定程度上产生影响。既然社会用人单位并非以英语水平高低为录用关卡，在人才培养过程中我们也要竭力避免以英语水平高低论英雄的行为。

第二节 职业能力培养教育在高职英语教学中的应用研究

一、更新高职英语教师的教学理念

（一）教学理念的兴起与背景

教学理念的研究兴起于 20 世纪 80 年代，教师的教学理念会直接或间接地渗透到课堂教学过程中。高职英语教学是一个动态的教与学的过程，英语教师应充分理解自己的教学理念与实践。教师对教学过程的理解体现为教师为课堂教学所做的准备及所创造的课堂教学环境。中国现阶段的高职英语改革，作为高等学校教学改革工程的一个重要组成部分，将以教师为中心的教学模式转变为以学生为中心的主动式学习模式，需要教师改变陈旧的教学理念，实现师生互动协作，从而提高高职英语教学质量。但教师理念研究这一领域在中国外语教学界还处于起步阶段，而将教学理念和教学过程联系起来的研究还比较少。基于高职英语教学改革和目前教学状况的需要，本书尝试研究高职英语不同的教学理念以及对教学过程和效果的影响，探索出较好的教学理念来指导教学过程，以提高教学效果。

教师是英语教学活动中的决定性因素，其教学行为受到教学理念的支配。而教学理念是内化于教师认知系统、决定教师职业成就的一套隐性的教学活动指南。教师对英语课程、教师和学生的角色等各个教学因素的认识和采取的教学手段都受到教学理念的制约。因此，教师教学理念将直接影响教学效果，也是英语教学改革成败的关键。

高职英语教学体系的改革，要更加强调实践性，使学生英语应用能力明显增强，这就要求教师具有驾驭英语知识点并以此培养学生听、说、读、写能力的能力；要更加注重服务性，使英语教学以就业为导向，并为专业服务，这就要求教师具有广博的知识，并具有引导学生应用所学的知识和技能进行广泛的实践活动的能力；要更多地采用多媒体技术和计算机技术，明显提高英语教学的效率和水平，这就要求教师具有现代技术的操作和应用能力。这是一项艰难的改革，首先要求高职院校的决策者和教师更新观念；其次对高职英语教师的教学理念提出了更高的要求。教与学，是语言教学活动中相互依存的两个方面。高职院校大部分学生是由中专升学而来，在教学中仍然延续着传统的的模式，教师被置于主体地位，而学生只是客体。长期以来，我们都习惯于教师作为教学主体主动灌输，学生作为客体被动接受的方式，教学的艺术往往局限于寓教于乐的层次。同时，随着市场经济的发展，传统的教学理念和方法不能跟上高职学生未来职业对英语学习的需求。作为高职院校的教师，一方面要跟上职业领域高速发展的新要求；另一方面，要把握教学专业中快速发展的新技术。同时，高等职业教育的培养目标是培养社会所需的高技能人才，其职业特点要求直接面向具体工作实用技能的教育，也就意味着所学、所教应紧密联系实际，要实用、有用。运用能力本位教育更新高职英语教师教学理念既符合高职教育规律，也符合高技能人才培养和高职英语教学改革的需求。

（二）高职英语教师教学理念更新的重要意义

1. 追求有智慧的教育，倡导个性化的外语教学

从最古老的语法翻译法到听说法、视听法、意念-功能法再到暗示法、全身反应法等，基本上都是以教师为中心，不可能发挥每个学生的最佳潜能和满足每个学生的不同口味，无法因材施教，难免学生大面积掉队。新教育观点是"以个人为中心的教育"。对传统观念的教学法上的挑战，从多元观点来看，该理论重视全脑学习，并强调个别差异，重视学生多元智能的发展，高职英语教学离不开"以学生为中心的教育"的考虑，也离不开第二外语教材教法的应用，因此就英语教学的方法而言，需整合不同的教学模式。因为每一种教学法各有其利弊，适用于不同的学习者，弹性地使用不同的教学方法，每个人都拥有至少八种智能，至少指引着八种不同的教学方向，可涵盖不同的英语教材教法，每一种教材教法或多或少能让学生运用某几种智能，但若采取多元智能教学方式，兼容并包，更能考虑到学生个别差异，发挥学生之潜能。

以往的学校教育中我们的英语教师通常以同样的方式教导每一个学生，学生也以同样的方式学习同一样学科，然后接受同样的测验方式。多元智能理论提出了个别式教育的可能性，强调在可能的范围内发展不同的多元的教学方式。多元智能的教学具备独特的内涵，使不同智能类型的学生能得到同样好的教育。英语教学更能体现这种多元的教学，教师应了解每个学生的智能、学习的意愿，还应了解每个学生的背景、长处、兴趣、偏好、焦虑、经验和目标等，然后再决定采取什么样的教材、教法和评价的方式。教师应培养不同方式呈现的能力，以促成有效地教学，另外教师要提供学生各种不同的表现机会，让学生了解自己和他人对学习材料精通的程度；教师要有想象力和多元化思路，刺激学生进行有效的学习，同时要尊重教育的公平性，指导学生自主学习，并使学生在学习的过程中逐渐掌握最适合自己实际情况的有效学习方法，形成个性化的学习，达到"有教无类"的教

育理念。

2. 让教学更富创意，让课堂更有活力

众所周知，教师更好地教是为了学生更好地学。在传统教学中，教师习惯性地满足于"讲授"而剥夺了学生发表意见的机会，教学中只有教师的"独白"而几乎没有学生的声音，没有学生与教师的"对话"，也就没有了学生思维的主动发展。每个个体的智能特点和表现形式是不同的，学习类型和发展方向是有差异的，这就要求英语教师改变原有单一、接受式的教学方式，建立和形成发挥学生主体性的多样性的学习方式。

传统的英语教学往往以教师为中心，学生在课堂上成了被动的语言接受者。多元智能主张废除这种教师主宰课堂和灌输式的传统教学方式，应充分发挥教学双方的积极性，以学生为主体。多元智能理论观点十分重视全脑学习，并强调个别差异，发展学生的多元智能，英语教学离不开"以个人为中心的教育"的考虑。英语教师应该由主讲者转变为学生学习的指导者、组织者和参与者，积极组织学生参与大量的语言运用学习活动，并要为学生学习、使用英语创造条件，提供指导，帮助学生通过自己的语言实践来掌握知识，培养运用语言的能力。教师要充分尊重和突出学生的主体地位，尽可能利用一切行之有效的方法与手段，可以采用启发式、讨论式、研究式等教学方法，充分调动学生学习的主动性，让每一位学生在课堂上"活"起来，真正成为学习的主体。在具体的教学环节中，我们可以采用小组讨论、两人对话、角色扮演、热点话题辩论、记者采访、解决问题活动和语言游戏等多种教学方式，推动学生的主体参与意识，激发学生的好奇心和求知欲。

3. 让发展更为全面，让学生更加聪明

多元智能认为教育最主要的目的不是知识的传授，而是发掘并引领这些智能的发展，学生离开学校后的发展很大程度上取决于是否拥有运用语言和数理逻辑之外的智能。为此教育的重点是培育学生在言语、语言智能和数理、逻辑智能以外的其他方面的智能。发展学生的智能优势，就要使学生明确自己的优势，考虑如何使用这些优势技能，并引导其进行人生的抉择，让他们有大量的机会强化自己偏爱的智能。

传统的英语教学一直偏重对学生听、说、读、写技能的培养，在语言技能的训练中往往强调模仿记忆却忽视了学生观察、记忆、思维、想象能力和创新精神，往往只注重在英语课堂教学中让学生接受现成的知识和结论，养成了学生乐于接受而不善于独立思考的坏习惯，知觉、想象、虚构和幻想统统被排除在课堂教学之外。教师要尊重学生的个别差异，为他们提供锻炼和成长的机会，根据学生的实际和智能的差异采用多样化的教学策略和方法，因势利导，扬长避短，这样学生就可以激发自己的智能并学到知识，保障每位学生都可以得到全面的发展。教师选择教学材料时要根据学生群体发展规律和个体发展差异，精心选择那些既贴近学生生活又具有知识含量的发展性内容，为学生获得终身学习能力、生存与发展能力打下坚实的基础。在上课之前，教师可以根据学生的水平、认知水平、接受能力、心理因素和态度等情况，制订相应的教学计划，准备教案，设置课堂活动，并根据学生的学习状况随时进行修订。英语教师要多动脑筋，精心做好课堂设计，利用幻灯、投影、录音、录像、网络及多媒体课件等现代化教学手段辅助教学。这些现代化教学手段为学生个性发展创造了宽松、和谐、愉悦的环境和氛围，能在教学活动中真正实现因人而异的教学效果。这样，对学生个性的发挥、潜能的挖掘、能力的培养，都有极大的帮助。

4. 金无足赤，人无完人

在整个教育过程中，教师要关注学生"全人"的发展。英语教师应该承认学生有着巨大学习潜能，是有着个性差异的人。清楚认识到每个学生都是可造就的，每个人都有长处和短处，使学生学会正视不足，通过不懈的努力都能学好英语，来充分发展其内省智能。多元智能理论肯定了"天生我才必有用"的教育意义，今日的英语教师应较以往更具有敏锐的观察力，了解学生具有不同的智慧与不同的解决问题的能力，尊重学生之间的个体差异，认真地思索如何建构多元、富创意的英语教学环境，使学生获得更多学习英语的机会。教师应具备在多方面对学生做出全面而客观的评估的能力，而不能仅仅以语言智能作为唯一的评估标准，也不能机械地以标准化测试作为手段。教师应强调多元的价值取向，不仅允许学生对问题解决有自己不同的答案，而且要鼓励学生独辟蹊径，形成自己的独立见解和思想认识。多元智能理论向传统的评估学生能力的观念提出了挑战，它表明人的智能不是单一的能力，而是由多种能力组成的综合体。单纯依靠纸笔的考试来考察教学效果，其评价只注重学业智能特别是语文智能和数理逻辑智能，对其他智能诸如社交智能、实际生活智能、自我认识智能等均有所忽略。在这样的教育环境中培养出来的学生其智能结构是残缺不全的。事实上，人类社会的许多问题单靠语言和数学智能已经不能解决，而需要多种智能的综合。多元智能理论强调个体差异，每个人虽然具备以上所列举之八种智能，但彼此之间会有所差异，没有人能够学会需要学会的一切东西，每个人只有一种智能可达到辉煌的境界，学生在某一领域内有超常表现，并不意味着在其他领域内也会有超常的表现，同样，学生在某方面的弱势表现并不表明在其他方面也必然呈劣势。换句话说，智能是多方面的，智能的表现形式是各不相同的，我们判断一个人聪明与否的标准当然也应该是多种多样的。因此，外语教育首先是赏识教育，英语教师要相信每一位学生都是有能力的人，乐于挖掘每一位学生的优势潜能，并给予充分的肯定和欣赏，例如在课堂上尽量多使用 good, well done, excellent 等激励的语言、商量的语气、亲切的微笑、赞许的眼光、肯定的手势，营造和谐愉快的课堂气氛，帮助学生克服畏难心理，树立学生学习英语的自信心。

5. 在"迁移"中借鉴，在"整合"中创新

传统教师角色强调教师权威而忽视教师与学生的合作关系，强调教师劳动的传递性而忽视教与学的创造性，乃至在强调教师的学科素养与教学技能的同时，却忽视它们用以促进学生成长的最终目的。多元智能理论认为，若要发展学生的多元智能，教师首先要拥有多项智能，教师的某项智能经验是学生发展该项智能的重要学习楷模，教师的综合素质间接决定了学生能力的培养。

以往许多人认为一个英语教师所需要的唯一的基本工具就是拥有完整的语言知识。随着时代的进步与发展，人们对英语教师的要求越来越高，一个优秀的英语教师不应该只是

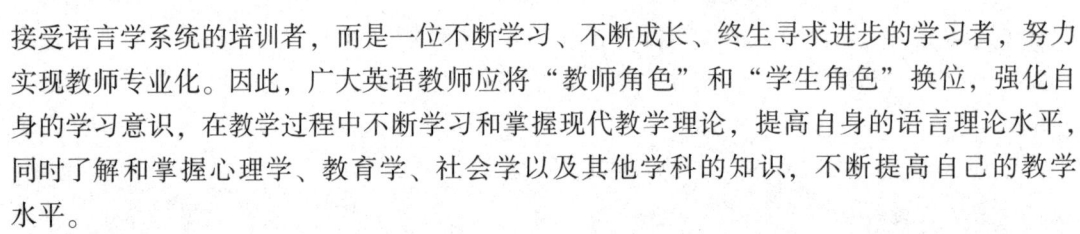

接受语言学系统的培训者,而是一位不断学习、不断成长、终生寻求进步的学习者,努力实现教师专业化。因此,广大英语教师应将"教师角色"和"学生角色"换位,强化自身的学习意识,在教学过程中不断学习和掌握现代教学理论,提高自身的语言理论水平,同时了解和掌握心理学、教育学、社会学以及其他学科的知识,不断提高自己的教学水平。

学校教育质量的好坏决定于教师的素质高低,只有高素质的英语教师才会培养出高素质的学生。显然,只有掌握了语言学理论和其他学科理论的英语教师才能对自己的教学提出更高的标准和要求,从而培养出善于学习、勤于思考、具有独立分析问题和解决问题能力、有创见的学生,英语教师只有不断提高自身素质,才能给学生树立起学习的榜样,才能对他们进行思想、文化、交际、审美等深层次的素质培养,要做一个能启发学生多元智能的教师,重新检视自己的教学理念,不断地充实自己,终身学习,不断创新,增强自己的多种智能。

(三) 以能力为本位更新高职英语教师的教学理念

1. 教学中"以教师为中心"转为"以学生为中心",树立"以学生为主体"的教学理念

传统的英语教学"以教师为中心"的教学模式和理念存在着种种的弊端。能力本位教育强调"以学生为中心",同时加强对"学"的研究,旨在发挥学生的主观能动性,将课堂教学的重点由"教"转为"学"。在"以学生为中心"的教学模式中,教师的作用只是进行了一种换位,从"以教师为中心"的教学模式下所充当的"大包大揽者""布道者"及"演讲者"的角色,转换为有利于突出学生中心地位的"课堂语言实践活动的组织者""学生学习时的引导者""使学生参加活动的鼓舞者""学生语言活动的评价者",甚至是"教学活动的平等参与者",等等。

提升学生的主体作用可采取启发式教学法,启发式教学方法是在英语学习中提高高职学生的注意力,调动学习积极性,激励高职学生充分利用所学材料解决问题,发挥已具有的语言能力,积极参加言语活动的有效方式。以大班精读课为例:这本身是启发高职学生心智,帮助他们进行创造性的思考,集听说读写译于一体的交流活动。所以我们采用灵活多样的方式积极引导学生参与,除了能够引起学生共鸣的课前演讲、讨论讲解名人轶事等方式外,还可以在课堂上根据课文的主题,编排丰富的课堂活动。如双人对话、小组讨论、课堂辩论及演讲等。这些形式既可以活跃课堂气氛,避免高职学生出现疲倦的状况,又可提高高职学生的口语表达能力。提问是最常用和有效的启发手段。提问在教学过程中的不同阶段可以有不同的目的和作用。在讲授新材料之前提问,可以帮助学生去预习了解新材料的内容和重点等;在讲授新课程过程中提问,可保持学生高度注意,了解学习理解情况,从而提高讲授效果;在讲授新内容之后,多用提问检查理解,并推动学生运用所学材料积极参加语言实践。在实践训练中多用提问启发学生思维,使学生更主动更顺利地进行语言交流活动。除了提问,课堂讨论也是启发教学的有效方式。根据所学材料的有关内容设定话题,组织高职学生讨论,促使高职学生积极思考,认真准备,并通过口头表述出来。

2. 强化并实践"授之以鱼,不如授之以渔"的教学理念

培养学生的自主学习能力应是教学的根本任务。而"授之以鱼,不如授之以渔"的教学理念强调的正是学生自主学习能力的培养。所谓自主学习能力是指获取知识、应用知识、独立提出、分析并解决问题的能力,是一种让学生自己负责的学习方式。学习者是知识的主动建构者,教师是意义建构的帮助者和促进者,而不是知识的传授者和灌输者。因此,高职院校的教师应该把学生当成即将被点燃的蜡烛而不是有待填充的空瓶子。高职英语教育的终点是让学生形成一个内化的稳固的语言体系,掌握一些学习外语的策略和方法,以便在将来脱离了以教师为主导的课堂模式之后能自主地学习和使用英语。高职英语对非英语专业的学生来讲,是一个了解、扩展、强化专业知识的工具,其桥梁作用更为突出,更需要延续性。但是长期以来,我国的英语教学一直沿袭知识灌输型的老套路,致使大部分学生缺乏自主学习意识。许多高职学生一旦走出校门,离开了老师的引导和监督,就不知道该如何继续学习英语。长时间对已有知识的搁浅会最终导致"一切归零"。许多具有高职学历的成年人迫于工作需要,不得已又要"一切从零"开始,参加各种英语培训班。这种现象的普遍性凸现了我国高职英语教学的某些弊端,同时也提醒教师:自主学习才是最长远、最高效的英语学习模式,能够彻底改变重复性断裂式学习模式。

3. 以学生为中心的小班授课,增加口语练习

高职学生普遍存在着口语水平低的现象,主要是因为不具备语言环境,学生能够练习口语的唯一机会是课堂,而传统的教学方式又忽视口语训练,这样就造成了大多学生只会读、不会说的情况。为了克服以往翻译语法教学法造成的"哑巴英语"的顽疾,改变"重知识、轻能力"的倾向,应在授课的内容和侧重点上也做一些调整。针对学生们英语水平和口语能力普遍低的问题,采用听说小班授课,使学生有更多的时间练习听说。内容上做到丰富、逼真、有趣,力求采用丰富多彩的教学内容,在完成规定的教学内容之余,组织学生欣赏现代诗歌、名人演讲、电影对白、英文歌曲等。新的高职英语教学大纲明确规定要培养学生具有较强的实用英语阅读能力,这也是培养学生语言应用能力的重点和关键。

4. 引导学生学会学习,调动其主观能动性,培养其自主学习的行为习惯

英语学习是一门实践性很强的课程,学习者的主观能动性对学习语言有较大的影响,只有学习者清晰意识到自己的学习目标,并希望达到所希望的效果时,学习才可能成功。为此,职业院校的教师应充分意识到大多数学生对未来的职业生涯充满向往和憧憬的特点,紧紧抓住这一心理特征,让学生自觉地去阅读课文,收集相关职业材料,或找到一些与自己未来职业有关的文章,学生之间进行相互交流,用英语对收集的材料进行归纳和总结,用英语表达出来,培养学生用英语综合表达的能力。教师应鼓励学生放开手脚,广开思路,用自己的语言把想法和认识通过问题形式表达出来,以达到培养学生分析问题和创造性解决问题的能力。英语实践教学贵在多体验、多实践、多参与、多创造。因此,学生除了课堂所学的知识外,还要参与丰富的课外活动,学生可在教师的指导下,组织英语讲座、英语角、英语晚会等,在有条件的情况下,模拟就业招聘,开展双语招聘等活动,使其增长知识、开阔视野，充分创设一种英语学习的环境。

5. 开展分层教学实践，贯彻以能力为导向的因材施教原则

随着我国招生政策的改革和普通高等院校的扩招，高职院校招生和登记入学的学生比例迅速增大。高职院校生源的复杂性决定其学生的英语知识能力水平参差不齐，教师上课只能顾及大部分学生，基础好的学生"吃不饱"，基础差的学生"咽不下"，致使这两部分学生失去英语学习兴趣，课堂教学难以顺利开展。全体学生继续实行统一的教学内容和贯彻统一的教学目标已经不能适应当前学生的实际情况。改变传统"一刀切"英语教学模式已经成为高职英语教学改革的课题之一。职业教育的一项基本任务就是要把一部分在基础教育阶段遭遇"学业失败"的学生导向"学业成功"，使他们找回自尊和自信，同时，又使那些基础相对较好的学生最大限度地挖掘潜能，从而使大部分学生走向"成功就业"。最为有效的方法就是因材施教，采取适合高职学生学习心理特点的教学方法来开展教学活动。分层教学就是从学生的知识基础、学习条件及实际出发，通过班级组织与教学形式的变化，创设"因材施教，分类指导"的环境。教师通过分层组织教学、改革教学法，使不同层次的学生经过努力共同达到教学目标。分层教学的过程既是教师了解和研究学生的过程，也是学生个体正确认识自我学习能力和水平的过程。分层次教学能充分体现符合学生个性差异和个人需要原则，也符合能力本位的教学原则。同时，也能促进教师更加深入地研究教材、教法、教学目标和学生，从而创建学生和教师双向和谐的教学和学习环境。

职业院校的英语分层教学可采用定向培养目标模式，结合能力本位课程改革理念，我们可以更多地考虑公共基础课与专业学习的结合、基础英语与行业英语的结合，使学生适应岗位需求，在就业服务上下功夫。在更宽广的范围内，我们更多地将能力理解为一种职业胜任力，因此按照学生的毕业去向和专业分层分班教学，把英语课程内容与专业结合起来，强化英语为专业课程服务的功能。"职业定向"的分层教学过程中，借助学生对自己的正确估计，教师引导学生找到合适的位置，满足个人的定向发展，有意识地将学院的专业，如汽车专业、建筑专业等相关背景知识融入英语教学中，编写与开设专业相关的专业词汇以及其他补充资料。我们可以以专业词汇为学习的突破口，激发学生英语学习的兴趣，精心设计教学，突出实用为主、够用为度的原则。在课程学习中，除英语基础知识的学习外，还应补充课外的内容，并可根据专业选择不同的专业英语课本，提升英语总体水平和适应未来职业岗位的需要。

与此相配套，我们在作业上也应进行相应的改革，将作业的重点放在体现知识和技能的应用性、培养学生的应用和创新上，实行课后作业项目化。引导学生利用现代化手段获取信息并能整理信息的能力。作业的内容体现专业特点和专业内容，能使学生在完成作业的过程中体验专业知识和专业文化。例如，要求汽车专业的学生结合专业，用中文和英文设计一张汽车展览会的海报并在课堂上展示，挑选部分优秀作品在学院内进行公开展览。这些项目型的作业通常以小组任务的形式进行，培养了学生英语学习的兴趣和能力，同时也培养了他们的合作意识和团队精神，并刺激和发现了部分学生的策划、领导能力。

分层次教学在我国已经推广实践了十几年，但在高职英语教学中的推广和使用还处在

实验阶段。由于分层次教学模式对学生调动大、不利于管理、对教师水平要求较高等特点，许多教师一时还无法接受这一教学模式。因此，如何让分层次教学走进高职课堂，正是能力本位教育在高职英语教学应用中的一个关键问题。

6. 提高教师综合素质，做"双师型"教师

基于能力本位教育的理念，高职教师不仅是理论知识的传授者，还应是学生实践能力的培养者。作为高职院校英语教师，从人才培养目标和高职教育规律出发，"双师型"素质是其必由的发展方向。"双师型"教师，是指既能传授专业理论知识，又有较强社会职业能力的教师。普遍认为既具有作为教师的职业素质和能力，又具有技师（或其他高级专业人员）的职业素质和能力的专业教师，是"双师型"教师。以英语教师素质专业化发展为例，高职教育的培养目标与专业人才培养模式决定了从事高职教育的英语专业教师应该是"双师型"教师，也就是说要求英语教师不仅具备深厚的专业理论功底，而且应熟练掌握专业技能，具有良好的职业道德与素质，即具有"技能+专业"的"双师型"素质特点。

二、基于职业能力教育理念的高职英语教学的意义与原则

（一）以职业能力教学理念改革高职英语教学内容的意义

高职英语课程是高职课程体系的一个重要组成部分。教育部高教司颁布的《高职教育英语课程教学基本要求》规定该课程的目的是"经过180～220学时的教学，使学生掌握一定的英语基础知识和技能，具有一定的听、说、读、写、译的能力，从而能借助词典阅读和翻译有关英语业务资料，在涉外交际的日常活动和业务活动中进行简单的口头和书面交流，并为今后进一步提高英语的交际能力打下基础"。由此可以看出，高职英语教学内容的构建应以能力本位为前提，以就业为导向，以培养高素质技能为目的，以职业能力和职业素质为核心。这也决定了高职英语课程教学内容的设计要在了解学生实际和社会需求的基础上突出应用性、实践性，重组课程结构，更新教学内容，教学内容要突出基础理论知识的应用和实践能力的培养。因此，高职英语教学内容设计中注重能力本位教育的渗透和体现，符合《高职教育英语课程教学基本要求》中的要求，适合高职人才培养的需求，符合高职教育规律。

目前的高职英语教学内容往往缺乏鲜明的针对性，教材较为陈旧，与专业课程结合不紧密，不利于学生能力的培养。高职英语教学应以完成提高学生文化素养和提供就业上岗后满足岗位职责所需要的英语基础为主，内容应当结合专业需要、突出培养能力，体现"必需、够用"为度的原则，在知识教学上，应注意根据《高职英语课程基本要求》制定的培养目标，满足不同行业对毕业生的职业知识和职业需求，为培养方向增加适当的能体现基层岗位职责、人际关系或体现现代企业和部门合作等方面的内容，让学生由浅入深，适应今后的企业文化和工作环境，顺利实现角色的转变。在教学进程上，应注意根据学生的语言发展的实际水平，在基础教学任务完成后，以行业准入的职业英语水平要求为主要学习方向，从行业普及的英语要求到职业特殊需要的英语能力，循序渐进，由浅入深，逐

步从行业英语基础知识向专业英语应用的实质性过渡，突出英语的可适用性。需要了解各专业课和专业基础课教学要求，征求相关专业课教师对英语学习内容的要求；征求部分毕业生对英语课程内容及教学方法意见和建议；调查和了解在校学生英语学习的这些具体状况和要求。有条件的学校可以安排教师到不同行业、不同企业的一些有代表性的岗位，向一线技术人员了解从事这些职业对英语的具体需求。通过一定渠道细致的调查研究，进一步明确教学内容和教材的编排，既重基础，又体现专业特性，符合培养应用型人才的需要，体现学以致用的原则，让英语教学服务于各专业教学，顺应职业教育的需求。

（二）以职业能力教学理念改革高职英语教学内容的原则

改革高职英语教学内容应建立突出职业能力培养的课程标准，规范课程教学的基本要求，提高课程教学质量。因此，高职英语教学内容的设计必须以需求分析为基础，以培养学生职业能力为目的，着重解决学生未来工作中可能遇到的问题，有助于学生未来的职业成长；同时，高职英语教学内容体系的构建，必须加强与企业的交流与合作，改革教学内容体系以满足社会和学生多元化的语言需求。因此，基于能力本位的高职英语教学内容的设计应遵循如下原则：

首先，应用性原则。要以解决实际问题为中心，打破学科界限，使内容组织服从于所要解决的职业领域的问题。在实际教学中根据各专业的特点，除了设置基础英语教学课时，还应设有专业英语教学课时和对应的实习课时；除了掌握一般的基础知识以外，各专业还应有选择地侧重掌握英语专业术语，训练简单对话和阅读的能力，并结合应用实例和实习内容，培养并加强学生在本专业范围内的英语应用能力。例如，针对经济贸易专业的学生，不但开设高职英语基础课程，还开设商务英语、外贸函电、电子商务等专业英语课程，以达到学生基础英语与专业英语的有机融合。

其次，注重实践性。将英语语言知识与学生所学的专业融合起来。英语只是一门语言工具，是为专业服务的，所以高职英语课程基础知识的教学应结合英语应用能力等级考试和实际工作要求，培养学生听、说、读、写、译的能力并以此为铺垫，结合各专业的教学内容，加强学生在专业范围内灵活运用英语的能力，以期达到专业加英语的复合技能。围绕能力培养这一核心，增加实践性教学环节的比重，使学生有机会将专业知识与职业技能结合起来，增强职业适应性。

再次，注重开放性。教育实践和理论研究表明，创造能力之大小强弱，在很大程度上取决于创造主体知识面的宽窄及各类知识的综合运用水平。在课程设置时不能局限于英语课堂本身的人文环境，应注重校园文化等隐性课程的开发，为学生提供宽广的知识背景以此来拓宽学生的知识面、拓展学生的其他技能，学会知识的通透融合、相互整合并转化为能力，使学生在学习过程中获得多视角的创新方式和能力。

最后，"实用为主，够用为度"原则。高职英语教学内容体系构建遵循实用、够用原则，主要指教学内容为某一职业岗位服务，充分体现职业教育的针对性，避免本科专业教学内容的完整性和系统性。高职英语教学内容必须为培养学生某种职业能力（技能）服务。教育部高教司颁布的《高职教育英语课程教学基本要求》中明确强调高职英语教学应遵循"实用为主、够用为度"的原则。课堂教学内容的设计必须体现理论教学和能力训练相结合的理念,必须使学生感觉到有用。只有将知识的传授与能力培养相结合,才能缩短课堂教学与学生未来工作实际的鸿沟,达到高职英语教学的目的。

三、基于职业能力教育理念的高职英语教学方法和手段

(一)以职业能力教育理念改变高职英语教学方法与手段的重要意义

1. 改变传统的教学方法,跟上时代的发展需求

传统的教学手段相对单一,学生在学习过程中往往感觉乏味,难以长久保持注意力。一本教材、一张嘴的教学手段,使不少教师将宝贵的课堂时间消耗在日复一日的教学程式上,教师劳心费力,教学效果往往不尽如人意,教学效果受到极大的影响。与传统教学相比,计算机多媒体教学软件的运用可以用生动形象的方式将历史事件、人物、地点等立体地呈现给学生,图文并茂,画面具有动感,容易给学生留下深刻的印象,学习内容易记难忘,不容易产生乏味感,听、说、读、写、译各项技能的训练可以同时进行,真实的材料、真实或近似真实的场景可反复使用、资源共享等特点保证了多媒体的效果和效率。此外,可以设立一定的课外实践基地,让学生在一个学期中的某一时间段走入外贸企业、外事部门,近距离接触和应用英语。适应高职教育的目标,培养适合时代需要的实用型人才,改进传统的教学手段,提高高职英语教学质量刻不容缓。《高职教育英语课程教学基本要求》指出要积极引进和使用计算机多媒体、网络技术等现代化的教学手段,改善学校的英语教学条件;高职英语教学很有必要在教学手段上予以改革。能力本位教育教学过程同其他的教育过程一样,是教学目标在具体教学活动中的实践。任何教学活动都需要一定的外在组织形式来实现,以能力为本位的高职英语教学强调学生的英语实际应用能力和职业素质,在学时不多的课程中,既要传授英语基础知识,又要培养较强的职业应用能力,这对所有的高职英语教师来说将是一个巨大的挑战。选择一种或多种教学方法来适应具体环境下的不同层次的学生,以最大限度地提高英语课堂的教学效率,将是改革高职英语教学的一个核心。世界上的外语教学法多种多样,但要寻找一种适应各种情况的万能教学法是不现实的。高职英语教师不应迷恋于某一教学法而放弃探索其他教学法,这将违背以职业能力为显著特征的高职教学,同时也严重束缚了教师的创造性和灵活性。高职教育按需施教,学以致用才能更好地为社会服务。

高职英语教育一直沿袭"单词—课文讲解练习"的传统方式,形式单一,教学重点没落在听说读写译的培养上,学生没有兴趣和学习动力,因此,要改变这种单一的无效的教学方式也是迫在眉睫。针对高职学生的特点和未来职业特征,应在培养英语应用能力的同时,灵活多样地采用多种教学方法,组织各种教学活动,设置多种形式的英语课堂环境,让学生更多地参与学习中,提高教学效果和教学质量。

2. 未充分利用课余时间完善英语教学

当然,仅仅局限于课堂的英语教学是远远不够的,必须充分利用课余时间,点点滴滴地积累。为此,组织各种各样的学生英语学习团体是非常有必要的。可组织全校性的英语

学习兴趣小组，建立校园英语口语角；有条件的院校，可成立英文发射台，把英文发射台和有线广播台结合起来，开设英语播音栏目，使有线与无线相结合，满足全校学生的收听要求。目前，在一些条件成熟的院校，搭建"英语村"，根据学生英语训练所常见的语言环境，分别设置家庭、交通、旅游、购物、贸易、餐饮、银行、宾馆、保险、航空等模拟语言区，让学生在具体而纯粹的英语环境中进行英语口语练习，在轻松的氛围中获得语言技能，激发学生对英语学习的兴趣。同时，在课余活动时间，特别是周末可以上映最新的英文电影，旨在介绍英语国家的文化，在影视欣赏中增长英语知识，培养学生的英语听力。定期地组织英语学习讲座、英语短剧比赛、英语演讲比赛、英语朗诵比赛，利用英语协会的学生轮流策划举行各种类型的活动，开展英语文化展示和英语技能竞赛等活动，这些活动大大活跃了校园文化，让学生充分展示才能、张扬个性、增强自信、培养兴趣，也锻炼了学生的英语能力，提升了学生的综合素质，提高了就业能力。

（二）基于职业能力教育理念的高职英语教学的方法和手段

1. 以多样化的教学方法激发学习兴趣和信心

（1）角色扮演

在课堂上，教师进行必要的讲解之后，请学生们自由组合分角色朗读对话，也可扩展为英语话剧表演。角色扮演的目的就是培养学生学会如何正确地确认角色，学会了解角色内涵，迅速进入角色，圆满完成角色承担的工作任务，为学生进入未来的职业岗位奠定一个良好的基础。

（2）个人演讲

课堂不仅仅是教师展现知识和能力水平的舞台，也是学习者展示自我的平台，教师在有限的时间和空间里应把这个舞台还给学生。发挥学习者的主观能动性，主动创设情景来训练他们的英语写作和口语能力，以学生的现实生活为主题，进行课堂英语演讲。充分发挥学生的主观能动性，锻炼他们的英语写作和口语能力，培养他们合作学习、自主学习、创造性学习等多种能力。

（3）小组讨论

在课堂中将学生分成小组，就学生关心的话题展开讨论或对轻松的话题进行聊天，然后各小组采用抽查或派小组代表的方式进行辩论，讨论或发表自己的观点，以活泼多样的形式来进行口语训练，锻炼学生的口头表达能力，培养他们对英语学习和未来职业的正确态度。进行辩论，以此锻炼学生的口语表达能力，培养他们对英语的正确认识。

（4）情景再现

学生在分角色朗读的基础上，根据所学对话的典型句型，自己动手模拟编写内容相似的对话进行表演。模拟教学力图为学习者创造一个使学习反馈充足的环境。

2. 积极利用现代化教学资源和手段营造良好的英语环境

随着以计算机和网络技术为核心的信息技术的快速发展和在教学中的深入应用，现代教育技术已经成为英语教师不可多得的教学资源。在现代开放式教育教学活动中，教师运用多媒体以及网络教学资源，结合教师的课堂授课以及学生的自主学习，形成了以学生自主学习为中心、教师引导学习为前提、多媒体教学资源和手段为辅助的教学模式。这种教学模式打破了传统教学的课堂和课外的界限，满足了不同层次学生的学习需求，使每一位学生都能针对自己的情况进行学习。

制作多媒体课件，收集各种图片，相关的职业信息增强了学生的学习兴趣和主动参与意识。教师利用网上教室创设实际岗位中的语言进行交际，让学生两人一组，进行对话练习，录下学生的对话并播放出来，让学生们进行对照，教师进行必要的讲解，这样可以很流畅地实施教学。

布置相关资料搜索作业，实施网络教学，增强了教学的时效性和趣味性。学生的写作和教师的评改都可以直接在电脑上完成，从而使课堂教学内容成倍增长，教师可指定相关的网站让学生进行网上学习。学生可以按照指令，自如地完成课外补充材料，完成老师布置的作业，参加思想交流与热点讨论，为巩固知识，学生还可以自行在网上做测试，并由电脑打分。

3. 以社会需求为导向，丰富教学内容

(1) 体现高职英语教学内容的职业性

在开设基础英语课程的同时开设职业英语，或将二者融合在教学中。教学内容要体现职业性，就必须增加与学生未来职业岗位相联系的实用性英语教学内容，围绕工作任务合理延伸，使课程内容更加实用，为培养学生的英语职业能力做好准备。

(2) 人文教育是高职英语教学不可缺少的主题

由于社会需求的压力，目前的高职英语教育偏重基础英语讲授和英语应用技能的训练，弱化了学生在英语学习中的人文知识的培养。事实上，高职英语学习过程有两个：一是学生英语语言的学习和实践，逐步掌握英语知识和语言技能；二是了解英语国家风土人情和文化背景、陶冶情操、扩展视野、提高人文素质。教育心理学认为：单纯的语言教学不是教育。语言是文化的载体，它包含了丰富的民族知识和价值取向。因此，高职英语的教学应该让学生在掌握英语语言技能的同时，加强对它所体现的人文思想的教育，从而提升学生的思想修养、人文素质，只有二者有机结合才能真正提升学生的综合能力，促进学生全面发展。

4. 提升英语学习指导策略

高职学生的英语学习有效性不高，严重影响高职英语有效教学的进行，如果学生进行有效学习，情况会大有改观。所以培养学生有效的英语学习是英语教学的首要任务，也是保证学生可持续发展的手段。

(1) 培养和激发学生学习动机

只有当学生对学习活动具有强烈的正确动机时，他的主观能动性才能发挥其最大的功效。学生的学习兴趣就是学生学习知识的强大动力，兴趣在保持和激发内在动机方面有特殊作用，是推动学生学习的内在力量。那么在高职英语教学中如果重视学生学习动机的激发和学习兴趣的培养，鼓励学生多投入英语教学中，就能提高高职英语教学的有效性。实践证明，老师可以通过帮助学生明确英语学习目的来培养兴趣。创设现实的和虚拟的英语情境教学环境，充分使用多媒体、网络技术等现代化教学手段，结合专业特点，产生动态、立体、视觉性强的教学效果；穿插生动的英语故事、幽默的英语笑话、国外的风土人情等内容，营造愉快的英语学习氛围，满足其借助英语获得知识和快感的愿望。

（2）创设问题情境，激发学生积极思维

问题情境就是使学生面临一定的迫切需要解决的问题。英语教师设置问题情景，引学生进入问题中，鼓励学生使用以往的知识通过思考来解决，这样才能培养学生解决问题的积极性。

（3）培养与激发学生学习的自我效能感

自我效能感是指人们对自己在特定的情境中是否有能力成就某种行为的预期和主观判断。有研究证明，学生的自我效能感水平与学生自我监控学习行为成正比关系。在高职英语有效教学的呼声下，正确认识高职学生英语学习自我效能感及采取适当的培养策略，对于发挥高职学生的英语学习主观能动性，提高高职英语学习积极性和兴趣，促进学生全面发展具有重要意义。高职英语教师可以在教学过程中分阶段根据不同层次的学生制订合适的教学目标和任务，难易适中，让学生不断体会成功；重视榜样的影响，让学生坚信也能和自己能力水平相当的人一样棒。

参考文献

[1] 杨海霞,田志雄,王慧.现代高职英语教学研究与实践探索[M].长春:吉林人民出版社,2019.

[2] 高昆.高职英语教学综合分析[M].成都:电子科技大学出版社,2019.

[3] 张亚梅.高职英语教学策略与实践[M].北京:文化发展出版社,2019.

[4] 张艳.信息化时代高职英语教学研究[M].延吉:延边大学出版社,2019.

[5] 王婷.高职英语教学理论研究与方法探索[M].长春:吉林出版集团股份有限公司,2019.

[6] 张爱玲.高职英语教学的反思及未来趋势研究[M].青岛:中国海洋大学出版社,2019.

[7] 陈玉.以实用性为目的的高职英语教学[M].昆明:云南人民出版社,2019.

[8] 胡维然.就业导向背景下的高职英语教学体系构建[M].北京:现代出版社,2019.

[9] 杨黎,张德敬.高职英语词汇与教学研究[M].长春:吉林教育出版社,2019.

[10] 刘君.高职公共英语的教学与改革创新研究[M].长春:东北师范大学出版社,2019.

[11] 吴兰.高职英语阅读教学创新研究[M].哈尔滨:黑龙江美术出版社,2019.

[12] 高美云,罗春晖.基于职业能力培养视角的高职英语教学模式改革研究[M].长春:吉林人民出版社,2018.

[13] 金红卫,陈勇.英语认知能力构建与高职实用英语教学改革[M].长春:吉林出版集团股份有限公司,2018.

[14] 黄爱良,孔燕,曹波.高职英语教学模式探究[M].哈尔滨:东北林业大学出版社,2018.

[15] 张丽萍.新时代背景下高职英语教学的理论与实践研究[M].北京:中国铁道出版社,2018.

[16] 周娟娟.高职高专英语情境教学[M].成都:四川大学出版社,2018.

[17] 廖丹璐.高职英语教育与教学创新实践研究[M].北京:中国国际广播出版社,2018.

[18] 刘亭亭,罗茜,曹卉.高职公共英语与教学思维创新[M].延吉:延边大学出版社,2018.

[19] 张小莉.高职英语信息化课堂教学设计[M].延吉:延边大学出版社,2018.

[20] 屈俊玲．高职院校职业英语教学改革研究［M］．南京：江苏凤凰美术出版社，2018．

[21] 冉茂杨．高职英语教育教学改革研究与分析［M］．长春：吉林人民出版社，2018．

[22] 桑冬艳．高职院校英语教学模式研究［M］．北京：现代出版社，2018．

[23] 李仕敏．高职英语课程赛课一体教学研究与实践［M］．北京：北京工业大学出版社，2018．

[24] 潘文霞，胡娟．互联网+背景下高职商务英语教学研究［M］．北京：中国商务出版社，2018．

[25] 高美云．"互联网+"背景下高职英语模块化教学资源建设研究［M］．哈尔滨：东北林业大学出版社，2018．

[26] 王星远．多维视角下高职商务英语教学理论体系建构探索［M］．北京：中国商务出版社，2018．

[27] 张敏，王大平，杨桂秋．英语教学改革与创新研究［M］．北京：九州出版社，2018．

[28] 童丽玲，戴日新，彭宣红．任务型教学设计视角下高职英语教师专业发展研究与实践［M］．西安：西安交通大学出版社，2017．

[29] 李清．高职英语教学与中国文化融合研究［M］．长春：吉林出版集团股份有限公司，2017．

[30] 姚玉兵．新形势下高职英语教学的研究［M］．北京：现代出版社，2017．

[31] 曾彩霞．高职英语教学理论与模式研究［M］．北京/西安：世界图书出版公司，2017．

[32] 左俊峰著．跨文化视角下的高职英语教学研究［M］．青岛：中国海洋大学出版社，2017．

[33] 杨明军．互联网+背景下的高职英语教学模式探究［M］．北京：九州出版社，2017．

[34] 孙雅莉．信息化环境下高职英语教学现状及相关问题研究［M］．长春：东北师范大学出版社，2017．

[35] 戴日新，王芳．语言经济学视域下高职英语教学改革和区域经济发展研究［M］．西安：西安交通大学出版社，2017．

[36] 胡志红．高职英语写作教学研究［M］．长春：吉林大学出版社，2017．

[37] 莫兼学．高职英语信息化教学［M］．北京：现代出版社，2017．

[38] 刘畅，张乐，侯慧芳．高职英语教育教学实践研究［M］．西安：西北工业大学出版社，2017．

[39] 杨娟．高职英语词语教学研究与实践［M］．长春：吉林文史出版社，2017．

[40] 郭莉萍．高职公共英语教学方法探析［M］．北京：北京日报出版社，2017．

[41] 李莹．高职英语新课程教学设计研究［M］．哈尔滨：东北林业大学出版社，2017．

[42] 田静，黄蕾．高职英语专业教学新体系的建构研究［M］．北京：现代出版社，2017．